元亨祥集团创始人、董事局主席程芳

在农村信用社工作期间，参加社员大会，当选监事会副监事长

在农村信用社工作期间，参加实弹射击培训

元亨尚儒·浦江书院国学讲堂家学堂启动仪式

2022 年 7 月，元亨尚儒举办“后疫情时代中医药发展新方向”主题沙龙

与太平洋建设集团创始人严介和（左）

与太平洋建设集团董事局主席、CAO 严昊（右）

2013 年，参加“元亨祥财富管理·新‘城镇化’投资论坛”

2017 年，参加“投资新视野·财富新趋势”高峰论坛

2018 年，受邀在第一财经《解码财商》栏目做“基础设施建设投资”主题分享

2021 年 10 月 31 日“世界城市日”，在“城市历史文化保护传承论坛”上发言

2016 年，元亨祥励志奖学金成立暨首届颁奖典礼

2019 年，参加新建三中元亨祥励志奖学金颁奖典礼

2020 年 12 月 16 日，参加浦东新区生物医药专项子基金首次关闭仪式

2021 年，在元亨泰富举办的“亨心筑未来 富足传芳华”活动上发言

2022 年 12 月 27 日，深入中医药康养诊疗示范基地

“中国药都·葛玄养生小镇”检查项目进展

元亨祥康养团队接待“中国药都·葛玄养生小镇”的参访客户

“中国药都·葛玄养生小镇”实景图

2021 年 11 月 14 日，元針堂举行开业剪彩仪式

2021 年，元亨祥合伙人第一次会议合影

2022 年 7 月 30 日，与上海生物医药行业协会执行会长兼秘书长陈少雄（左）在元亨祥与上海市生物医药行业协会签约仪式上

2020 年 9 月 18 日，在“元亨祥事业合伙人机制”咨询项目启动会发言

2021 年，元亨祥合伙人分红仪式合影

2012 年，元亨祥荣膺“CVAwards 中国最佳新锐私募股权投资机构”

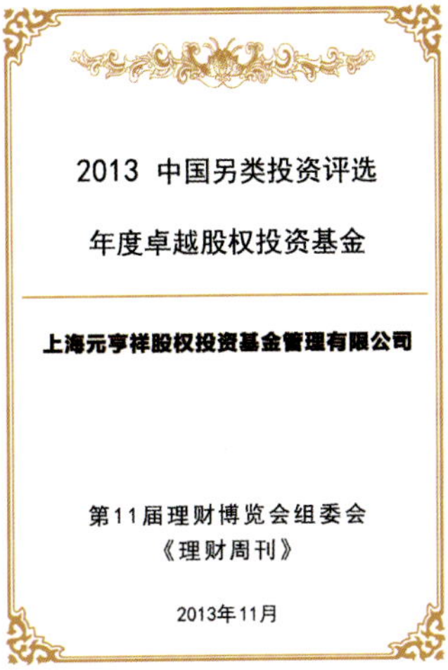

2013 年，元亨祥荣膺“中国另类投资评选年度卓越股权投资基金”

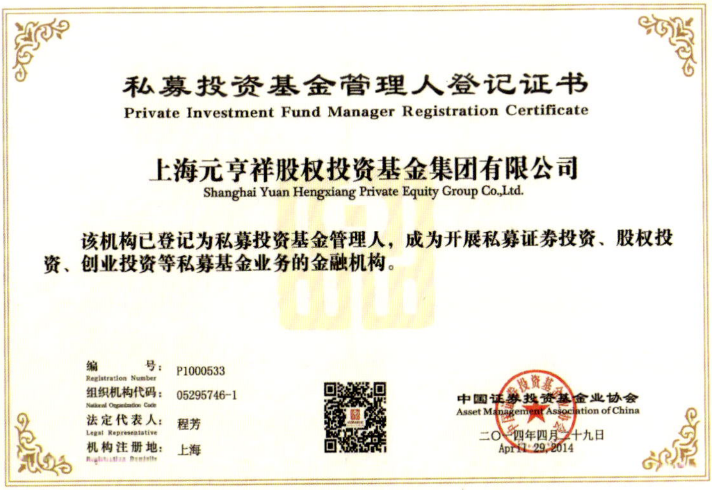

2014 年，元亨祥获得私募投资基金管理人登记证书

上海市南昌商会第一届执行会长

2021 年，元亨祥荣膺“新儒商·社会公益奖”

元亨正道

笃行元亨正道　成就生命繁盛

程　芳◎著

团结出版社

图书在版编目（CIP）数据

元亨正道 / 程芳著. -- 北京：团结出版社, 2023.6
ISBN 978-7-5234-0245-0

Ⅰ. ①元… Ⅱ. ①程… Ⅲ. ①企业文化 - 研究 - 上海 Ⅳ. ①F279.275.1

中国国家版本馆CIP数据核字(2023)第127461号

出　　版：团结出版社
（北京市东城区东皇城根南街84号　邮编：100006）
电　　话：（010）65228880　65244790
网　　址：http://www.tjpress.com
E - mail：zb65244790@vip.163.com
经　　销：全国新华书店
印　　刷：北京锦鸿盛世印刷科技有限公司

开　　本：155mm×230mm　16开
印　　张：22.5
字　　数：230千字
版　　次：2023年7月第1版
印　　次：2023年7月第1次印刷

书　　号：978-7-5234-0245-0
定　　价：68.00元

目 录

第二章

拥抱监管：安全第一，守正出奇 / 41

第三章

稳健经营：厚德筑信，因需而变 / 67

第四章

试水 PPP：善战者，立于不败之地 / 89

推荐序一

坚守企业文化，铸就卓越品牌

仰望星空，胸怀凌云之志；脚踩大地，俯首鞠身躬行。想，壮志凌云，是形而上的美妙幻想；做，脚踏实地，是形而下的辛勤实践；做企业既要上得了天堂，又要下得了地狱；既要出得了厅堂，也要进得了厨房。“纸上得来终觉浅，绝知此事要躬行。”我们可以有远大的理想、伟大的抱负，但当我们眺望诗和远方的时候，不要忘记现实的生活、需要检视梦想的厚薄。

太平洋建设与元亨祥合作始于2012年11月。面对私募基金市场如日方升、基础设施建设行业热火朝天的双重机遇，程芳高点起步、高效推进，以资本服务实体经济，携手太平洋建设共同发展。在这期间，投资行业泥沙俱下、良莠不齐，各种爆雷、跑路事件屡见不鲜，但程芳既有凌云壮志，也能脚踏实地，始终防范风险、稳健经营。

创办元亨祥之前，程芳已经在金融系统工作23年，对资本市场、金融创新、风险控制有着独到见解，熟悉资本市场的逻辑、规则和运营之道。他处事专业、勤奋、敬业、担当，以“专业、专注、专心、专属”的经营理念整合资源、主动创新。多年来，元亨祥秉持“依托太平洋、服务太平洋”的原则，为太平洋建设提供基础设施建设配套投资服务，推动太平洋建设在市场开拓中运筹帷幄、决胜千里。同时，元亨祥对成千上万投资者坚守承诺，十几年如一日地保持安全兑付，在行业中打造了独树一帜的安全合规典范。

在此期间，太平洋建设实现了快速裂变、全面发展。自2014年跻身《财富》世界500强以来，太平洋建设已连续9年入选榜单，蝉联全球建筑业私企第一。2022年，苏商集团首次进入世界500强，成为继太平洋建设之后庄严智库旗下第二家世界500强企业。目前，庄严系也具备冲击世界500强的实力，我们有信心打造第三家世界500强企业，创造更大的奇迹。

太平洋建设和元亨祥的合作以真诚为基础，以共赢为目的，二者正是因为对事业的责任感、认同感和归属感的高度一致，才会走到一起。经过持续深入的合作，双方从相遇结缘走到相伴成长，从相知共进再到相互成就，合作越来越紧密、越来越默契。一路走来，双方始终唇齿相依、肝胆相照，始终风雨同舟、不离不弃。

程芳通过对元亨祥发展之路的梳理、总结与提炼，写就了这部《元亨正道》，读来受益颇多。结合太平洋建设在经营管理中形成的经验，我讲几点做企业的观点，分享给读者：

第一，树立高远理想。程芳是一个有激情、有梦想、有理想的企业家，这本书讲述了如何实现理想的故事。没有梦想就没有理想，有梦想生活才美好。没有做不到，只有想不到。人要有梦想，更要有理想。光有梦想没有理想，那美梦也不能成真。在追求理想的过程中，绝对不能盲目地去效仿那些成功人士，因为我们与其家庭背景不一样、生活环境不一样。所以我们要结合自己的具体情况，走出自己的成功之路。要敢想，更要付诸行动。万丈高楼平地起！一天一天地长期积累，是量变到质变的过程，是目标分解的过程，最终一步一步实现自己的目标。

第二，践行诚信承诺。太平洋建设与元亨祥能够共同成长、稳健前行，都得益于将诚信作为企业经营的根本。我认为，答应过的事情就不能含糊，牙打断了和着血往肚子里面吞，这就叫诚信。要想把企业做大、做得经久不衰，诚信是最重要的。太平洋建设坚持“诚行天下，信立伟业”的价值观，做实业、不炒概念，做口碑、不做一锤子买卖，力求把每一项工程都打造成良心工程、子孙工程、荣誉工程。我们在风风雨雨、是是非非中屹立不倒，始终干干净净，源于一直坚持走市场不走官场、走法律不走权力。只能靠自己，靠诚实劳动、合法经营，靠自身成长。

第三，坚守企业文化。一个建筑的质量好坏，往往取决于内在含钢量的多少；一个企业寿命的长短，则取决于企业文化的优劣。企业成也文化，败也文化。文化，一看优不优越，二看是不是自己的文化。企业文化不能复制和套用，如果一定要从外部复制，最多也只是文字而不是文化。能够改变企业命运的文化，一定是根据企业自身环境制定的，能够被员工所接纳继而产生积极思想与行为的文化。在企业自身环境中自然成长出来的文化才是适合企业和员工的，才能成为企业内部成长的驱动力。太平洋建设与元亨祥的企业文化，都是在实践中从心灵深处创造出来的。

第四，筑牢安全底线。元亨祥“没有万一、只有唯一、安全第一”的风控理念，与太平洋建设的安全原则不谋而合。我们始终崇尚“安全第一、口碑第二、效益第三”的理念，把政治安全、经济安全、工程安全、金融安全放在首位；始终坚持“社会责任百分百、契约精神百分百、法律意识百分百”的精神，用“进度快、质量好、成本低、矛盾少、效率高”的比较优势，赢得政府信任和市场份额；始终秉承“零挂靠、零分包、零烂尾”的原则，坚定不移走高质量、可持续发展道路，努力打造百年老店。

第五，承担社会责任。程芳身上具有浓郁的家国情怀，积极参与公益事业，造福桑梓。我认为，企业能不能做大做强、走稳走远，取决于它与人民、社会、国家是否命运与共。企业不能脱离社会大环境而单独存在，企业利益与社会利益并不矛盾，相反应该是统一的关系。所以，企业承担社会责任，既是符合社会发展要求的行为，又为企业可持续发展提供良好的外部环境。思维围绕金钱转的是资本家，思维围绕企业转的是实业家，思维围绕社会转的才是真正的企业家。求利求名多求己少求人、爱家爱国多爱人少爱己。先私后公、先家后国、先利后名，这就是真正意义上的和谐。

我经常讲“成长的背会、成熟的体会、成功的悟会”的“三部曲”。背会的都是别人的东西，是传承；体会要有所为有所不为，既有别人的东西，也有自己的东西；而悟会完全是属于自己的东西。

一个人起点有多高，是家国决定的；一个人走得有多快，是能力决定的；一个人走得有多远，是人品决定的。人生必须要经过背会、体会和悟会，才能真正从成长、成熟走向成功，实现自我、无我、本我。《元亨正道》这部作品，生动讲述了元亨祥如何从成长、成熟走向成功，程芳如何在创业历程中实现自我、无我、本我。多年来，程芳将企业价值观、方法论不断提炼、完善，形成发展战略、经营策略、管理方略的“文化三略”，不遗余力地推动与践行，成为不断引领企业战略升级的核心竞争力。企业要想取得成功、走向卓越，文化至关重要。唯有坚守企业文化，才能铸就卓越品牌。

在未来的日子里，我希望太平洋建设与元亨祥的合作将长长久久地保持下去，加强沟通，形成长效交流机制，提高互动协作效率。双方合作前景广阔，市场空间巨大，今后将继续唇齿相依、推诚相见，彼此成就、合作共赢，共同开拓辉煌之路。

千江清水千江月，万里白云万里天。我相信，以元亨祥十年心路历程写就的《元亨正道》，对于企业家、管理者和创业者都有借鉴、启发作用。我希望元亨祥的企业文化能够不断丰富、完善、升华，驱动元亨祥一步步成为持续发展、行业领先、受人尊敬的企业。

太平洋系、苏商系创始人，庄严智库理事长　严介和

推荐序二

资本市场需要追本溯源、回归正道

我和程芳认识多年。2015年1月11日，我以国家发改委城市与小城镇中心学术委员的身份，在“新常态下的城镇化投资机遇——第四届元亨祥智慧城市投资发展高峰论坛”上作了关于新常态九大特征的演讲，席间与程芳相谈甚欢、一见如故。同一年，我受邀担任元亨祥经济研究院学术委员会主任、首席经济学家，任职期间与他有深入交流，为元亨祥发展战略出谋划策。

一路走来，元亨祥从最初的BT项目投资到智慧城市、新型城镇化的投资运营，再到PPP投资模式、“1+N+IOEPC”商业模式，一直在深耕易耨、久久为功。近年来，元亨祥专注价值投资、聚焦生命健康，投资浦东生物医药专项基金、投资运营“樟树中医养生谷”等康养运营项目，布局中医中药、生物医药、医疗器械、健康养生等生命健康产业的投资，通过产业运营、资产运营双轮驱动，为经济高质量发展提供综合解决方案。我想，程芳能够取得如今的成就、不断追求卓越，根源在于他始终秉承“元亨正道”，追求“正道成功”。

收到程芳的著作《元亨正道》，读起来有一种情理之中、意料之外的感觉。程芳非常重视企业文化建设，创业第二年就学习华为，制定元亨祥文化纲要，梳理文化体系，至今已更新至5.0版本，逐步形成“家和水立兴”“五正五道”等独具特色的企业文化，在公司内部躬身入局、全员践行。程芳能够持之以恒、不知疲倦地钻研并坚守企业文化，不仅因为他保持充沛精力、善于思考，还在于他掌握了企业发展战略、经营策略、管理方略的核心要义。

感到意料之外，不但是程芳流畅优美、言简意赅、表达严谨的文笔，以及真实客观、不掩饰不回避、敢于否定自我的态度，而且在于他将理论和实践相结合、经营和文化相融合，站在创业创新的高度，不局限于投资领域的视野，将元亨祥创业发展的秘密和盘托出，精彩纷呈。这不仅是一本企业史类管理图书，也是一部可参考借鉴、可复制推广的经典之作。在《元亨正道》的书稿背后、文字之外，凝聚了程芳过去十年的心血，关于投资、创业、为人、处世。这不仅是他全情投入创作图书的心血结晶，更是自元亨祥2012年成立以来，在企业经营管理实践、文化建设过程中所付出的心血结晶。

前些年，投资行业出现了虚假繁荣的魔幻现象。当资金流动活跃甚至资产流动过剩时，人们会产生一种财富幻觉——融资非常容易，遍地都是投资机会，奋不顾身地奔跑在获取财富的路上。整个社会风气、市场氛围变得焦灼、浮躁，不是因为赚不到钱，而是觉得赚钱的速度太慢了。当流动性收紧的时候，人们又觉得资本寒冬到来，人性复杂和货币幻觉走向另一个极端，以往积极、冒进、乐观的心态转变成保守、谨慎、恐惧的情绪，然后迅速在整个产业链条蔓延。在这种背景下，我们需要追本溯源、回归正道。

通过我的观察与思考，以及《元亨正道》带来的启发与灵感，我认为企业仍然需要老老实实地从内生性增长中赚钱，从资本型投资转向经营型投资，实现稳健成长。具体来说，以下几个方面值得关注：

第一，从发展模式看，从横向的流量扩张转向纵向的流量变现。过去几年，流量型公司备受追捧，这与整个移动互联网技术的发展有关。但是，流量红利已经过去了，互联网公司的获客成本在增加，流量型公司如何从横向流量扩张转向纵向流量变现成为惊险一跃。如果无法完成这场无路可退的冒险，流量型公司可能因资金链断裂而倒闭，结果会极其惨烈。

第二，从公司规模看，从过去的大而不倒转向小而美。越来越多的小而美公司会被市场接纳，它们可能规模不大，但是做得很精致；可能没有高增长，但盈利很稳定。它可能是某个细分行业的隐形冠军，这样的公司会受到一级市场、二级市场更多投资人的青睐。对于那些大而不能倒甚至一直扩张停不下来的公司，今后将比较危险。

第三，从经营策略看，从快速扩张转向稳步推进。过去二十年来，中国骤然崛起了很多巨无霸企业，这是中国企业家对于世界经济的贡献。但是，我们看到很多快速扩张的企业，“其兴也勃焉，其亡也忽焉”，各领风骚两三年，然后就销声匿迹了。反而是那些稳扎稳打的企业，扩张速度没那么快，但抗风险能力更强、存活率更高。所以，大多数企业可能会从快速扩张转向稳步推进。

第四，从投资方式看，要学会从赚快钱转向赚慢钱。经过资本市场的风雨洗礼以后，人们开始醒悟，融资没那么简单，赚钱也没那么容易。但是，中国的市场足够大，中等收入群体规模、下沉市场规模都很大，中国人民勤劳、勇敢、善良，而且追求美好生活的愿望和需求强烈。更何况，我们还有足够的市场空间，南北差距、东西差距、地区差距、城乡差距还在，下一个“中国”仍然是中国。

“天若有情天亦老，人间正道是沧桑。”希望读者通过阅读这本书，能够在深入了解元亨祥十年发展的基础上，读懂投资规律、经营逻辑与人心人性，在工作与生活中审时度势，把握机会，实现美好愿望。

当然，这本书也是元亨祥成立十周年的献礼之作。新的起点，新的征程！新的祝福，新的期待！我相信在所有元亨祥人的共同努力下，元亨祥将再创辉煌，迎来更加美好的明天！

如是金融研究院院长　管清友

自 序

守正出奇方得基业长青

在东方管理哲学中，于我而言，“守正出奇”最为受用。“守正”是正心诚意、坚守正道，“出奇”是兼听明断、持续创新，我们要努力做到明德内圣、慎独自修、从心循矩，在坚守正道的基础上共同分享、成人达己，守正出奇方得基业长青。

2012年春节，一位太平洋建设“郑和舰队”船长到江西南昌拓展市场，在交流中他偶然提到，太平洋建设也有资金需求。此前我协助太平洋建设成功拓展过项目，也参加过太平洋建设发展基金研讨会，对于其综合实力、发展模式有所了解。商业的本质在于创新，我希望通过商业模式创新——私募基金的融资方式，帮助太平洋建设充实现金流，依托太平洋、服务太平洋——我的创业梦想由此启航。

不破不立，舍旧谋新。当时我正处于人生低谷，面临是否离开体制的关键抉择。我在金融系统工作23年，历任法人机构中高管17年，主要从事经营管理、信贷管理、风控管理工作。然而，人际关系纷扰令我厌倦、心生退意，转而纵身“跳海”。2012年9月，年过不惑的我，一个人、一个包、一百万，毅然从江西来到上海，创办元亨祥。

逆境重生，创业维艰。我希望传承发扬自强不息、厚德载物的中华民族精神，确定了“专业、专注、专心、专属[1]”的经营理念。自幼，父母就教育我“挣钱的生意不赶、亏本的生意不丢”，无论遇到多大困难都要坚持不懈，不放弃、不抱怨。这些来自不同层面、不同角度的为人处世信条，就是我从小到大根植于心的正道。

高点起步，高歌猛进。为太平洋建设提供融资服务是我创业的起点。经过全面梳理、深入调研与精心设计，我提出了以太平洋建设应收工程款作为底层资产发行基金产品的创新思路。起步时，我以为发行基金是一项复杂、神秘的业务，多方请教专业人士。2012年11月1日，元亨祥成功发行第一支基金产品，20天完成融资，实现了“白条变金条”。此后一路高歌，2013年4月我们与合作伙伴携手，短短一个星期就完成一个项目的募集。合作伙伴们的支持令元亨祥迅速打开了市场。

艰难困苦，玉汝于成。尽管创业初期元亨祥曾遭遇业务团队

---

[1] “专业”就是要以专业的人，做专业的事；“专注”则是要专注价值投资领域；“专心”则是要以客户为中心、以市场为导向，专心产品研发；“专属”则是要为客户和合作伙伴提供专属服务。

集体出走、销售渠道背叛等艰险曲折，但我们始终行得正、走得稳，抬头看路、低头做事，在产品研发、风控体系、品牌建设等方面下“笨功夫”，凡事追求极致，用心向资本市场推介太平洋建设。2013年，元亨祥加入中国证券投资基金业协会，主动拥抱监管；携手和君创业制定元亨祥文化纲要1.0版，向优秀企业学习；2014年，元亨祥定位为“智慧城市投资运营专家”，不断优化战略方向。正所谓“一流的企业做文化、定标准”，从创业第一天起，我就持续以企业文化推动公司发展，逐步实现“操作流程化、流程制度化、制度系统化、系统规范化”。

在此期间，关于政府债务的监管政策不断出台。2012年12月，财政部发文要求“行政单位不得举债，禁止对外提供担保”，我因此担心建筑行业对政府应收工程款的基金发行业务无以为继。2013年7月，政府提出“产业园区可以融资”，我们看到新的机会。我一直强调元亨祥不能“要饭吃”“抢饭吃”，而要“做饭吃”，因此特别重视产品创新与市场拓展。为了寻找生存之道、生命之光，元亨祥先后开发了私募债、市政债、契约型基金等产品，在2015年提出金融、健康、绿色、智慧的经营战略，成立宁波、杭州分公司，成功布局长三角。2016年，BT、BOT模式日渐萧瑟凋零，PPP模式在全国遍地开花。元亨祥拥抱政策、顺势而为，投资江苏响水PPP项目作为试点，既为了寻找更多项目，更好地服务太平洋建设，也希望拓展增量业务实现可持续发展。

然而，随着2016年“引导降低社会融资成本”等政策实施落地，社会融资成本骤降，元亨祥受到剧烈冲击。我们在一年内主动将太平洋建设融资成本连续两次下调，销售渠道担心利益受损，多次与我正面交锋，并且不再销售18个月以上的中长期基金产品。危机与日俱增，矛盾一触即发，我深感“高”处不胜寒：日渐增长的募资规模如同借梯子登高楼，一旦销售渠道突然撤离，爬得越高必将受伤越重。我必须快刀斩乱麻，不整顿宁波渠道就无法规范杭州渠道，不规范杭州渠道就无法实现直营。我们通过清理、整顿、规范已有销售渠道，启动自营渠道建设，尽管募资规模有所萎缩，但是元亨祥找到了更安全可靠的发展路径。

逆风奋楫，激流勇进。2017年元亨祥迎来成立5周年，当时P2P大潮汹涌，市场风雨飘摇。对那些不择手段、投机取巧的竞争手段，我坚守底线、独善其身，“任凭风吹雨打，我自岿然不动”。我们坚持“发掘需求、整合资源、服务创新、各方更赢”的市场理念：一方面，元亨祥实现“T+1”安全兑付，通过行业内首家ISO9001质量体系认证，以流程化、制度化、系统化、规范化建立标准化体系；另一方面，元亨祥提出大基建、大康养、大文旅战略，坚持专注聚焦，推动战略升级。从产品创新、模式变革到战略升级，元亨祥一直在寻找新的增长极，从单一支柱到双轮驱动，主动掌握命运。

至暗时刻，逆境突围。2018年，爆雷潮席卷整个行业，P2P平台全军覆没。一时间风声鹤唳、人心惶惶，好在元亨祥提前控制规模、整顿团队、规范运营，否则也会受到波及。这一年，我提出“一基三养”（大基建、养老、养生、养智）的产品定位，希望通过“大基建”与养老服务、身体健康服务和文化教育服务三大板块结合，找到柳暗花明之路。2019年，行业雾霾尚未散尽，元亨祥率先在复苏中奋勇前行：5月5日，元亨祥成立新城镇事业群，专注于“一市三镇”（市政基础设施、康养小镇、文旅小镇、教育小镇）战略，定位为“新型城镇化投资运营商”，优化商业模式、成立专门机构、引进专业人才。6月，元亨祥首创“1+N+IOEPC”商业模式，进一步围绕特色小镇的开发、建设、运营提供全流程、一站式服务。2020年，我提出“降存量、拓增量、控风险、保安全”的十二字投资策略，进一步提出“一园三镇”（健康产业园、康养小镇、文旅小镇、教育小镇）战略，先后成立新城镇事业群、康养生活事业群，带领团队围绕健康产业到处考察项目。

新冠疫情令我有机会放缓步履、静心思考，人在危机面前更容易迸发向阳而生的智慧。在2021年年会上，我正式提出“专注价值投资，聚焦生命健康”的经营定位，陆续推进江西樟树、张科禾润、元針堂[1]、易慕峰等项目的投资。作为生命健康产业专业投资机构，元亨祥逐渐明确中医中药、生物医药、医疗器械、健康养生四个投资方向。2022年，元亨祥邀请多家国内知名专业咨询机构合作，全面提升发展战略、经营策略、管理方略（简称“文化三略”），说清楚“我们是谁、我们做什么、用什么方法做”：发展战略包括愿景、使命、价值观和战略定位；经营策略包括“三个坚持、一体两翼、双轮驱动、三大路径”；“管理方略”主要是“五定三化四

---

［1］“元針堂光明”为公司正式注册商标名称，书中简称为“元針堂”。

做到”。我要求元亨祥人在践行“文化三略”的过程中，想清楚、说明白、写出来、做到位。管理全面提升为元亨祥第二个十年打下坚实基础，行稳致远、未来可期。

十年来，我一直以守正出奇发展理念寻找新引擎、新动能、新活力，以目标为导向、以结果定成败、以业绩论英雄，一次次突出重围、化险为夷，矢志不渝探索可持续发展的基业长青之道。为了记录企业历史、传承企业文化，回望元亨祥人正道直行、创新求变的十年，我一直计划在十周年的历史时点推出一部企业史作品。2023年4月，经过长达一年的思考、创作、讨论与修订，这部叙述我与元亨祥十年奋斗历程的《元亨正道》终于付梓出版。

讲好元亨祥故事不仅要令人信服，还得有连贯性、逻辑性、完整性、系统性，这就要求创作务必真实客观，而且要有系统思考、总结提升，还能用通俗易懂的方式将故事描写得引人入胜。因此，在创作过程中我定下了三条原则：一是说真话、说心里话，内容积极正面，不夸大自己，不贬损他人；二是系统思考、深度总结，紧密联系元亨祥重大、关键事件、项目、人物进行叙述，对于我们熟悉的业务和领域进行讨论，不拔高、不延展；三是以讲故事的方式表达，避免空发议论、流于说教。当然，尽管我用心构思、竭尽全力，但是由于自身阅历、知识结构、创作能力等原因局限，难免存在问题或错漏，还请读者诸君多多包涵。由于出版规范等要求，书中部分内容被删减、修改，生动性、深刻性略受影响。我虽然有些遗憾，但是对于编辑的有益工作充满感激。

新十年，新起点，新辉煌。第二个十年，元亨祥人将坚守初心、牢记使命，充分发挥战略威力，实现价值创造，为生命健康产业高质量发展注入新动能。以“强化战略引领力、增强文化凝聚力、提升经营贡献力、焕发管理新活力”的理念为指引，下苦功夫、真功夫、硬功夫，专注聚焦、抱元守一。成就生命繁盛，共享成势兴业的胜利荣光！

奋斗蕴藏伟力，时间见证辉煌。元亨祥人当勇毅前行、万夫一力，往纵深处潜，向高远处飞；孤举者难起，众行者易趋。于高山之巅，俯瞰大河奔涌；于群峰之上，尽享长风浩荡。

序　章

人间正道是沧桑

2022年9月1日，这一天是元亨祥十周年生日。在这个值得纪念的特殊日子里，回望来时路，翘首新征程。十年心路历程慷慨如歌，鼓舞着我们满怀壮志豪情，一起开创更加美好的未来。

十年初心如磐，服务民生需求。元亨祥坚持“弱水三千，只取一瓢饮[1]”，十年只做一件事：创新生态金融，服务民生需求。闯辛路、避潜险，始终坚持产品创新，以市场为导向、以客户为中心。尽管机遇无时不在、无处不在，但市场波诡云谲、变幻莫测，因此我们始终立足产业、服务实体，聚焦民生需求，

［1］“弱水三千，只取一瓢饮”，出自《红楼梦》第九十一回贾宝玉：任凭弱水三千，我只取一瓢饮。“弱水”始见于《尚书•禹贡》：“导弱水至于合黎。”常引申为，对事物专心致志，专注专一。

以“家庭全景式幸福生活成就者”为使命,“成就生命繁盛”。

十年与时俱进,专注产业投资。元亨祥始终坚持“坚持”的价值、相信“相信”的力量,以国学文化践行企业经营。元亨祥专注价值投资、聚焦生命健康,通过产业运营、资产运营双轮驱动,为经济高质量发展提供综合解决方案。

十年正道直行,坚持行稳致远。资本市场经历了从泥沙俱下、良莠不齐、野蛮生长到规范有序的发展阶段,一批批曾经优秀的企业,“眼看它起朱楼、眼看它宴宾客、眼看它楼塌了[1]”。元亨祥凭借合规经营、稳健发展的制胜法宝,真正实现了十年零违规、零违约、零亏损。

一路走来,我们秉承安全性、合规性、差异性、效益性、持续性的“五性原则”,实现了“五个首创”:

第一,以建筑行业对政府的应收工程款作为底层资产,发行基金产品,实现了“白条变金条”。

第二,建筑企业应收账款进入中国人民银行动产质押中心登记,即质押登记,保证了质押的有效性。

第三,率先在私募基金行业建立可落地、可持续、独具特色的企业文化纲要。

第四,以操作流程化、流程制度化、制度系统化、系统规范化建立标准化体系,通过了ISO9001质量体系认证。

第五,1+N+IOEPC模式,助力政府与企业之间融通共赢,努

[1] 出自清代戏曲家孔尚任所作戏曲《桃花扇》,为套曲《哀江南》中的第七段。

力实现“为政府排忧、为企业解难、为经济助力、为资本增值、为社会造福”。

十年来，元亨祥实现了多个业内“首创”“第一”“唯一”，向着梦想的远方奋楫扬帆、乘风破浪。作为“风控型资产管理专家”，元亨祥成为首批加入中国证券投资基金业协会的会员，成功举办了八届“元亨祥投资管理论坛”，业务覆盖长三角、珠三角、京津冀、环渤海四大城市经济圈。作为“新型城镇化投资运营商”，元亨祥出版《中国PPP蓝皮书深度分析及发展报告（2016）》。作为“生命科学产业化应用价值赋能平台”，元亨祥抢抓机遇、乘势而上，与张江科投合作，投资浦东生物医药专项基金；投资运营“樟树养生谷”、元針堂中医针灸、“元亨尚儒生活馆”，投资浦东生物医药专项基金等一批生命健康产业项目，布局中医中药、生物医药、医疗器械、健康养生等生命健康产业的投资。一道道难关得以攻克，一个个项目开花结果，元亨祥人以舍我其谁的担当、壮士断腕的决心、脚踏实地的执行、心无旁骛的坚持，激扬奋进、勇立潮头。

奋斗成就梦想，实干创造未来。在健康产业化、产业资本化大潮中，我们将以“科技+深耕”链接新未来，助力科技强国；以“核心技术、拳头产品、商业模式、专业团队、治理体系”作为投资标准，赋能产业科技创新发展；以生命科学产业化应用研究院作为依托，锚定目标，笃行实干。坚持以元亨祥发展战略、管理方略、经营策略为引领，以“管理标准化、业务标准化、执行标准化”发挥正向激励效应，强化绩效结果运用，以“落实就是责任”为核心目标，始终保持“唯实唯干”的奋斗姿态，促进企业高质量发展。

从赣江之滨的创业梦想到上海滩深思熟虑的发展战略；从一路披荆斩棘、昂首挺胸、勇毅前行，到责任担当、创新发展、转型跨越；从对中国传统文化的提炼和升华，到对中外优秀管理思想的借鉴和汲取；从以信取利到客户交口称赞。我们在瞬息万变的市场大潮中应时而谋、因势而动，顺势而为、迎难而上，实现更高质量、更高效率、更加可持续的发展。

一直以来，元亨祥坚持价值创造，投资顺势而为；坚持科技创新，引领产业升级；坚持长期主义，见证时间价值。从直径十公里、深度十公分，蜕变为现在直径十公分、深度十公里，助力区域经济高质量发展与家庭全景式幸福的使命必达，致力打造“生命科学产业化应用价值赋能平台”。

做企业就是做文化，企业文化是元亨祥的重要基石。要做百年老店，就必须重视企业文化。无论个人还是组织，没有文化认同，就找不到存在的价值和意义。有些人将企业文化视为思想教育工作或是品牌传播手段，其实企业文化也是企业哲学，是全体员工共同认可的企业价值观和行为准则，对内形成凝聚力和向心力，对外形成影响力和渗透力。在元亨祥企业文化的建设、形成、固化过程中，经历了长期的正道文化和歪门邪道的相互博弈。我始终相信邪不胜正，经过吸收精华、摒弃糟粕、批判发扬、融合再造，不断丰富和完善元亨祥的企业文化。

企业领导者是企业文化的塑造者、传播者、实践者。鼓励什么、反对什么，弘扬什么、摒弃什么，都需要一把手旗帜鲜明、爱憎分明的清晰表达并反复强调，让员工凝聚在共同的价值观之下。

“身教”重于“言传”，领导者的一言一行都必须符合企业文化，不仅要说到做到，而且做的要比说的还好。否则，说一套做一套，没有人会信服，还会对企业的理念和制度造成破坏。多年以来，我总是传正知、播正念，对内对外讲好元亨祥故事，传递企业文化和理念。在月度会、季度会、年度会上，我反复讲解经济形势、投资趋势、传统文化，经常专门撰文解读企业战略、经营理念与企业文化。

在企业文化建设方面，元亨祥特别重视国学智慧在企业管理中的应用。我要求年轻员工必须练好基本功，与时俱进成为“多面手”。在工作中规范员工行为，引导年轻人成为文化自信的践行者和传承者，从而更好地适应社会需求、服务社会发展。注重培养年轻人的国际视野，引导他们厚植家国情怀，激发年轻人在本职岗位上坚持守正创新与提升品质并重的动力，使他们更快成长为独当一面的栋梁之材，在奋斗中追寻自己的梦想。

元亨祥将国学讲堂引进企业课堂，引导更多的员工学传统文化、悟经营之道。十年来，元亨祥开辟了一条创新发展之路，积淀并形成了独有的企业文化及核心价值观，也凝聚了一批富有元亨祥精气神的干部员工。他们身上洋溢着时代的梦想与活力，也烙印着元亨祥的个性和印记。

自古以来，中国人以仁、义、礼、智、信“五常[1]”定义高尚的

[1] 孔子最早提出“仁、义、礼”，孟子扩充提出“仁、义、礼、智”，后董仲舒再次扩充为“仁、义、礼、智、信”，后称“五常”。这“五常”贯穿于中华伦理的发展中，成为中国价值体系中的最核心因素。《三字经》中云“曰仁义，礼智信，此五常，不容紊”。

道德，而木、火、土、金、水“五行”则相生相克、生生不息。2015年，我认真从传统文化中汲取智慧、寻找坚定前行的力量，提炼出元亨祥的“五正五道”：

“五正”——传正知、播正念、导正向、践正行、弘扬正能量。传正知：明德日新、臻于至善。播正念：弘法圣学、正本清源。导正向：春风化雨、教化众人。践正行：当仁不让、锲而不舍。弘扬正能量：朝乾夕惕、恒久不息。我坚信，“五正”必将持续释放潜能。

“五道”——顺天道、守正道、拓财道、得王道、成圣道。顺天道：顺天应人、以道治业。守正道：正心诚意、守正出奇。拓财道：义利相生、取之有道。得王道：以道御术、竞合共赢。成圣道：上善若水、润泽万物。我相信，“五道”势必凝聚内生动力。

时光荏苒，白驹过隙。蓦然回首，元亨祥已经风雨兼程走过了十载春秋，这是一部个人创业史、企业发展史、文化成长史。我们能够取得一个又一个胜利，正是因为心无旁骛、矢志不渝地坚持自己的“元亨正道”；我们能够一次又一次战胜困难，也是因为毫不动摇、坚持不懈地践行自己的企业文化。元亨祥作为一家专业投资机构，笃信“汇聚社会资本、驭领时代投资、追求卓越文化、铸就百年辉煌”的追求，凝心聚智、笃行致远。“元亨正道”已经成为一种无形财富与精神力量，激励员工、鼓舞客户、惠及社会。

民族要复兴，国家要兴旺，社会要和谐，企业就要发展。作为企业经营者、创始人，一定要有使命与担当，有敬畏之心、民族情怀、精神追求。我们只有以正为本、以道为体，才能海纳百川、包容万物，成就一番事业。人生道理千言万语，走正道是最核心的理念；企业文化博大精深，走正道是最高远的境界。以此而论，走正道既是个人成功之道，也是企业常青之源。

“志行万里者，不中道而辍足[1]。”这是一个充满大机会的大时代，我们需要抓住机会，但不能成为机会主义者，从天而降的幸福和财富不会长久，成功是每个人持续奋斗、长期坚守的结果。世界终将属于理性乐观主义者，属于坚守战略定力的长期主义者，在市场机遇与挑战面前经得起诱惑、耐得住寂寞、守得住孤独，以慢为快、始终坚守，“流水不争先，争的是滔滔不绝”。

百川归海，万法归宗。我希望元亨祥的奋斗故事、文化底色与经营理念，能够为企业家、管理者、创业者带来一些思考与启发，为促进投资行业规范发展分享一点经验与体会。帮助更多人从更理性、更宽广的视角，理解今日中国的投资趋势、产业路径、价值追求，以及投资机构在国家发展与社会进步中的作用。

为人谦逊隐忍，做事卓越担当！向前是涅槃，止步是平庸，退后是失败。愿读者诸君能够从元亨祥的创业故事中得到启发，对大家的工作与生活有一点帮助。期待有识之士，能够更好地呈现人格魅力和才智潜能，做最好的自己，做最优秀的自己！

---

[1] 引自西晋·陈寿《三国志·吴书·陆逊传》，意思是有志于行万里路的人，不肯在半路上停下脚步。

第一章

心怀正念：自强不息，厚德载物

1.1 被逼“跳海”，背水一战

“问我从何来，今将去何所。日月如飞梭，人生几寒暑。”[1]这正是我2012年岁末年初时心境的真实写照。已过不惑之年的我，站在人生的十字路口：回头看，是一条用青春蹚过的河；向前眺，是一片迷茫未知的海。23年的农村信用社工作生涯，忽然间似乎走到了尽头。被迫离开，三分不甘、七分不舍，却又别无选择、毅然决然。

乡村是我的来处。1970年，我出生在江西省南昌市下辖的农村，生于斯长于斯，对这片“襟三江而

[1] 引自宋·宋自逊《田家谣》，后文“浮名底须求，求之亦何补，我见贪名人，名成隔千古”亦出自此诗。

带五湖”[1]的土地有着深厚的感情，更因此对这片乡村曾经的贫穷有深切感受。儿时，父亲在镇上工作，每周只能回家待一天，母亲在家务农，将我们兄弟姊妹七个拉扯大。因为劳动力不足、子女又多，家里总是连窖藏的红薯都不够吃，春节前总会“断货”。菜园种的豆角、茄子、胡萝卜等新鲜蔬菜，都要拿到集市上卖钱补贴家用，自己只能吃卖不掉的蔬菜。“双抢”[2]时，母亲晚上会给我们做蛋花汤，一大锅水、一个鸡蛋，要睁大眼睛才能捞到蛋花儿，来晚了的人只能尝到略带蛋花味的清汤，但全家人仍然吃得有滋有味。类似关于贫穷的记忆，经常不经意间在我的脑海中闪现。记得在我七八岁时，一次生产队分稻谷，母亲挑着担子去领，却被告知因为还欠着口粮钱，不能分到粮食。母亲没有办法，只好硬着头皮，挑着空空的箩筐到细爹[3]家想借五元钱，结果被拒绝只能空担而回。我紧紧地跟在母亲身后，只见她偷偷抹去泪水，一进家门又装作若无其事的模样，张罗着孩子们的晚餐。

信用社是我金融职业生涯的起点，作为中国金融体系的重要组成部分，也是最深入农村的金融触角，信用社服务于“三农”，惠及千千万万个农民家庭。我是土生土长的农村孩子，发自内心地为能够从事这份工作感到自豪，在这里我曾奉献了全部的美好青

[1] 引自唐·王勃《滕王阁序》，“襟三江而带五湖，控蛮荆而引瓯越”。三江：泛指长江中下游。旧说古时长江流过彭蠡（今鄱阳湖），分成三道入海，故称“三江”。五湖：泛指太湖区域的湖泊。一说指太湖、鄱阳湖、青草湖、丹阳湖、洞庭湖，南昌在五湖之间。

[2] “双抢”指农村抢收庄稼、抢种庄稼，一般在夏天进行。

[3] 江西南昌新建区方言，称爷爷最小的弟弟为“细爹”。

春，燃起过炙热的金融理想。我亲历了信用社一轮又一轮的变革：从二十世纪八十年代中国农业银行管理时期，到1996年“行社脱钩”[1]由中国人民银行代管；从2000年南昌市农村信用联社成立，到2003年江西省农村信用社成为全国信用社八省改革试点之一[2]；从2004年江西省农村信用联社成立，再到2011年起逐步改制为农村商业银行。23年间，我以社为家，是信用社给了我施展才华、实现价值的平台；23年间，社以我为子，是信用社始终包容着我的年轻气盛、少不更事，因此才有七分不舍。

在信用社工作，我算得上少年得志。自我19岁进入江西省南昌市太平信用社参加工作，其中从事信贷工作19年、担任中高管17年、后备干部13年，信用社见证了我的成长。从初出茅庐做基层出纳，到珠算定级获得能手一级；从工作两年不到就被选拔为信贷员，24岁加入中国共产党，到不足26岁就成为区级信用联社营业部副主任，29岁已经被推选为区级信用联社副监事长（主持工作），30岁带领不良贷款率高达98%的信用社8个月实现扭亏为盈、起死回生。曾经以为将会在信用社工作一辈子，直至2010年8月起，因为主要领导的不认可，令我一度纠结徘徊；2011年末的竞聘落选，让我更加忧心职业生涯，不得不思考“今将去何所”。

这是一场期待了8年之久的竞聘。

[1] 此次改革意在把信用社办成由社员入股、社员民主管理、主要为社员服务的农村合作金融组织。

[2] 此次改革意在将信用社的管理交由地方政府负责，并明确了省级政府对信用社管理的主要职责。

早在2003年，我原本有机会参加竞聘，却因“非典”疫情影响而推迟，2003年6月“非典”结束，恰逢江西省农村信用社因深化改革，人、财、物全部冻结；再往后，就是在等待竞聘的启动，期待在信用社还有成长进步的机会。

2011年11月底，江西省农村信用社在全省范围内，公开竞聘选拔南昌市辖县（区）农村信用联社5名副职干部。12月1日，我被破格批准[1]参加竞聘考试。41岁的年龄，虽然在竞聘者中已不再年轻，但我仍凭借实力在笔试中取得了全省第4名的成绩。按理说面试环节是我的强项，以我的工作经验和表达能力，胜出应该不成问题。彼时的我，信心十足、志在必得。

但是，最终结果表明，人生没有那么幸运。12月5日，公布考试成绩的当天，我部门承办的一笔银行承兑汇票[2]到期。交办这笔业务的领导却推责给我。这件事势必引起一系列连锁反应，首先会给反对者以口实，也难免招来竞争者的非议。此时的我，内心顿生一种莫名的宿命感。

在此期间，一位领导先是电话鼓励我参加竞聘，后又专门电话提醒，让我不要蹚这摊浑水，就算成绩再好，我也无法入围，只不过是“陪跑”而已。

种种纷扰令我心灰意冷，萌生退意。

---

[1] 按信用社内部规定，参加这场竞聘人员的年龄原则上不应超过40周岁。

[2] 银行承兑汇票是商业汇票的一种。指由在承兑银行开立存款账户的存款人签发，向开户银行申请并经银行审查同意承兑的，保证在指定日期无条件支付确定的金额给收款人或持票人的票据。

此时，我想起了“两位村支书”的故事，它曾警醒我不能在信用社的“舒适区”随波逐流：二十世纪七十年代，两位志向远大的年轻人在同一个公社辖区内担任村支书。一位一直担任村支书，一位顺风顺水、做到了区主要领导。多年以后，二人已过天命之年，重聚之际、把酒言欢，村支书说：“你虽然当了官，但并不自由，担心随时会被调整，‘到站下车’；我养猪种树，自由自在，想做就做、想歇就歇。我们奋斗了一辈子，你到了年龄必须退休，再没有专车坐了；而我可以永不退休、自己买专车坐。所以说，60岁之前，你比我过得好；60岁之后，我比你过得好。”对方笑而不语，沉默以对。

老支书的故事令我陷入沉思，未来的职业生涯由此逐步清晰：即便我竞聘成功，最理想45岁能当上区联社理事长，但52岁就要退居二线，最多能干7年，难以真有作为，这条路一眼就能看到头。

这种情形令我对接下来的面试意兴阑珊、无心恋战，内心已经放弃。面试过后，成绩公布，我的综合排名全省第7，最终落选。

回想我的信用社工作生涯，一路走来，从没依靠过所谓“关系”，也没有以任何方式走过捷径，但关键时刻总能凭业务能力强、业绩遥遥领先得到领导的关心、同事的支持。家庭教育和信用社的培养，塑造了我守正笃实的人生信念。如今时过境迁、好景不再，正所谓“人无千日好，花无百日红”，人生本就该得之坦然、失之淡然。

信用社始终是我可以依靠的山，但眼前却遇到了我跨不过去的坎。40岁，已是职业生涯的分水岭。如果职级上不能更进一步，意味着未来就此停滞不前。往后余生，或许就将在信用社被逐步边缘化，待在办公室里一杯茶、一张报、一整天，这显然不是我想要的生活。于我而言，这是在虚度光阴。我渴望干一番更有意义的事业，更好地服务社会，这样的人生才更有价值。

此时此刻，我的内心豁然开朗。“浮名底须求，求之亦何补。我见贪名人，名成隔千古。”或许外面的世界也有无限可能，我又何苦执念于兹，“望断天涯路”呢？离开信用社，有舍必有得，“蓦然回首，那人却在灯火阑珊处”。我决定彻底抛弃那三分不甘，与其郁郁寡欢、望“社”兴叹，不如逼自己纵身“跳海”、背水一战。

1.2 创办元亨祥，服务太平洋

我的创业史，绕不开一位颇具影响力的传奇企业家——严介和。

严介和是世界500强企业太平洋建设集团（后文简称“太平洋建设”）的创始人，被媒体称为“中国BT模式[1]鼻祖”“全球华人第一狂”。2005年严介和跃居胡润中国百富榜第二名，成了媒体的“宠儿”。我那时第一次看到关于他的报道，标题里“狂人”两个字给了我强烈冲击。由于我经常被好事者评价为“年少轻狂”，这篇文章一下吸引了我。从此我

[1] BT模式：“BT”为Build（建设）和Transfer（移交）的首字母缩写，意即“建设—移交”，BT模式是政府利用非政府资金来进行非经营性基础设施建设项目的一种融资模式。

格外关注严介和与太平洋建设，想知道一个“狂人”是如何步步为营、力挽狂澜，又取得如此成就的。

2011年3月，一个偶然的机会，我参加了严介和在辽宁营口市鲅鱼圈举办的“郑和舰队[1]”智慧课，这是我第一次零距离与“狂人”见面。严介和授课时的感染力极强，现场不时响起阵阵掌声，大家被他的个人魅力所折服。他再次向众人展示了“狂人本色”，对企业家们说：“你们在经营中遇到的‘疑难杂症’，如果我开不出‘药方’，我敢说很难找到下家[2]。”上课期间，我得到与严介和单独交流的机会，感觉他对我印象甚好。

2011年11月，太平洋建设旗下的“郑和舰队”，邀请了包括我在内的十几位金融和投资领域代表，参加在北京举行的组建发展基金研讨会。严介和说：“如果投资100万元购买‘郑和舰队’1%的股权，未来市值达到100亿元，那么现在投资的100万元将来就变成了1个亿……”我十分好奇，听得格外认真，开始对基金有了更多的思考。

2011年12月，在江西省九江共青城的一次贷前调查，让我进一步了解到“私募基金”。当时，由于信用社的工作需要，我前往距离南昌60公里的共青城考察贷款项目，在那里认识了时任中航江南期

[1] 2010年4月，中国郑和舰队资本国际集团有限公司在南京成立，严介和任董事局主席。该集团致力于将资源用智慧优化，通过对资本、智慧、资源的整合，构筑一个集聚商、育商、招商为一体的综合型平台。下文中出现的“船长”是该集团内部对区域负责人的称呼。

[2] 意即没有第二个人能给出答案。

货金融业务总监彭新桥。他正在研究制订实施方案，计划在共青城创立中国第一个私募基金产业园[1]。在交流过程中，他向我详细介绍了私募基金的行业现状与未来。此后，无论白天还是深夜、工作日还是节假日，他总是及时接听或回复我的电话，不厌其烦地答疑解惑，给我引荐资源和人脉。应该说，彭新桥是我进入私募基金行业真正的引路人，在创业初期给了我很大帮助。

2012年2月，元宵节刚过，我在南昌接待了“郑和舰队”江西区域的“船长”，他向我传递太平洋建设有资金需求的信息。我将信将疑，但也深知建筑企业属于资金密集型行业，资金需求量较大。

由于竞聘落选，我已产生离开信用社的想法，这个信息似乎激发了我的创业思考。

太平洋建设是全国唯一只做政府市政工程项目的大型建筑企业，主要商业模式为BT，公司持有大量的应收工程款，难免有时出现逾期回款的现象，而他们又必须按时支付供应商款项，因此偶有补充现金流的需求。我觉得其中潜藏着巨大的市场机遇。

从宏观层面看，基础设施投资仍然是中国经济发展“三驾马车[2]”中的重要抓手。因此，我认为与太平洋建设的合作将大有可为。

---

[1] 共青城基金小镇坐落于江西省共青城南湖新城，起源于中国第一个私募基金产业园——共青城对冲基金产业园，2018 年建成共青城基金小镇，是江西省特色基金小镇。2019 年 3 月荣获“2018 年度中国最具影响力基金小镇”称号。

[2] 投资、消费、外贸是拉动经济增长的动力源，俗称经济增长的“三驾马车”。

2012年5月中旬，时任太平洋建设首席执行官严宝车带队到江西南昌考察市场，我参加接待，特意向他提出，我想做一个基金，把太平洋建设持有的应收工程款变现，问他们是否有需要，他当即给了我肯定的回答。

几天后，经过反复酝酿，我鼓起勇气给严介和打电话，听取他的意见。

“严主席，您好！我是江西南昌的程芳，不知道您是否还记得？”

“程芳你好啊！我记得你，个子不高、戴副眼镜。”

虽然此前我与严介和有过短暂交流，但没想到，时隔多日他还记得我，并能准确说出我的相貌特征。

我告诉他，我想以太平洋建设的应收账款为质押物发行私募基金，依托太平洋、服务太平洋，从而充实太平洋建设的现金流……

话音未落，严介和立刻回复说：“程芳，太平洋建设的资源全部为你所用，我全力支持！我会安排人跟你联系。”

放下电话，我就立刻着手成立公司。之后的事实证明，这是元亨祥发展史上最重要的电话之一。

孔子曰：“名不正，则言不顺；言不顺，则事不成。”于是，我认真思考未来公司的名称，一幕幕往事逐渐涌上心头：父母一直教导我“自力更生，丰衣足食”“十穷怕九做”“靠墙墙倒，靠壁壁倒，靠自己最好”，他们还说“上半夜为自己想，下半夜为别人想”“得理要饶人”。父母的教导，归纳起来就是八个字：自强不息，厚德载物。我正身处困境，每天都激励自己不放弃、不抱怨，离开信用社更要闯出一片天地，这句话正契合我当时的心境，因此成为我为公司命名的灵感起点。

查阅资料，我发现这句话源自《易传[1]》中“乾”“坤”卦辞：“天行健，君子以自强不息；地势坤，君子以厚德载物。”乾：元亨利贞。坤：元亨，利牝马之贞。遗憾的是，“元亨利贞”已被人注册，于是我想到了用“元亨祥”做变通，“祥”的寓意是“大吉大利”，提交工商注册便顺利通过，这就是公司名称“元亨祥”的由来。

所以说，“元亨祥”既是对我过往人生的总结，更是对我未来人生的警示与激励。它就是我和企业的座右铭，也应该是元亨祥人的座右铭。由此引申出元亨祥的文化内核：“为人谦逊隐忍，做事卓越担当。”

2012年2月28日，信用社决定让我从3月1日起带薪休假两个月；5月9日，单位通知我上班，那位领导却把我叫到他办公室，安抚“不用上班”，还让我出去散散心、调整状态。在“被休假”的日子里，我多次前往北上广深等地考察，选择创业的落脚地。我从人脉、资源、地缘优势、营商环境和文化底蕴等方面反复思考，却始终难以抉择。

直到有一天中午，我在上海浦西复兴东路两旁看到了许多修鞋

[1]《周易》包括《易经》和《易传》，《易传》是解释《易经》的著作，一说为孔子及其后学所作。《易传》共10篇，因此自汉代起，又被称为“十翼”，包括《彖传》上下篇、《象传》上下篇、《文言》、《系辞》上下篇、《说卦》、《序卦》和《杂卦》。“天行健，君子以自强不息；地势坤，君子以厚德载物”一句，出自《易传》中的《象传》。

补鞋、制作皮具的店铺，店家和客人之间似乎都很熟稔，工匠们手里干着活，嘴里聊着家长里短，颇有上海滩的生活气息。行道树和家乡的一样，也是南昌常见的无患子、香樟和梧桐树等，郁郁葱葱遮天蔽日。这些和家乡颇为相似的生活习惯、城市景观，令我忘记了身处上海，恍惚回到了南昌，这种熟悉的感觉让我当即下定决心在上海安身立业。

虽然如此，但我其实对信用社仍然怀有深深的眷恋，23年的青春倾注于此，很难下定决心彻底割舍。虽然还没有正式从信用社离职，但单位主要领导进行调整的重要会议却没有人通知我参加。8月中旬的一天，我被电话告知限期整理个人物品腾换办公室。曾经为信用社全心付出，如今却受此冷遇，顿时产生了虎落平阳之感，这让我彻底下定决心离开信用社。“此处不留爷，自寻留爷处。”

我以3分的月息，借了100万元启动资金，正式前往上海创业。

我在网上联系好房产租赁中介，8月25日，乘坐夕发朝至的K288次快车于晚上9时从南昌出发，在第二天清晨的六时半到达上海，这样既节省了一晚的住宿费，第二天又可以直接工作；晚上坐K287次快车返回南昌，第二天早上到达。之后很长一段时间都是这样，每周往返于上海与南昌之间。

陆家嘴的周末，清晨略显安静，华能联合大厦周围高楼林立，招商局大厦、世界金融大厦、华夏银行大厦、民生银行大厦、恒生银行大厦环绕四周，抬头望去，群塔刺向天空，线条延伸至高远而不可知的地方。此时，楼间阵风吹来、衣角飞扬，我背着老旧的背包，迈开脚步，汇入了陆家嘴行色匆匆的人群。

8月26日，我在四个候选办公场地中选择了华能联合大厦。8月30日，我与转让人进行交接，并签订转租合同，房租每月23600元，押二付三，我当场支付了将近12万元的房租和押金，并支付2万元接收了原租户处理的电脑、桌椅等办公用品。

2012年9月1日，开业当天，没有鲜花、没有仪式、没有员工，只有我自己一个人。华能联合大厦604室180平方米的办公室，窗外是安静的黄浦江，它在此转了个弯，折向东流汇入大海。而我也正处于人生的转折点，心潮澎湃、兴奋不已，向往着代表无限可能的汪洋大海。那天，我一个人在办公室里坐到天黑，国际金融中心依旧华灯初上，东方明珠塔下照常游人如织。千里之行，始于足下。一个人、一个包、一百万。元亨祥的故事由此起笔，过去已去、未来已来……

1.3 “白条变金条”，投资开门红

审度时宜，虑定而动，天下无不可为之事。

根据在信用社工作时期积累的经验，在创业之初我就确定了“专业、专注、专心、专属”的经营理念：“专业”就是要以专业的人，做专业的事；“专注”则是要专注价值投资领域；“专心”则是要以客户为中心、以市场为导向，专心产品研发；“专属”则是要为客户和合作伙伴量身定制提供服务。直到现在，“四专”理念还是元亨祥最深入人心的企业文化之一，未曾改变、未曾动摇。

在元亨祥筹备期间，我一直在思考商业模式，一次次反复推敲、一遍遍仔细打磨，做好风险防范。对于投资行业而言，风险控制是企业的生命线，也是

底线。这项创新业务中，政府偿还工程款的违约风险相对较小，但并非没有。

深入分析业务逻辑之后，我终于找到了解决方案——创新提出应收账款“三函”：应收账款确认函、到期回购承诺函和财政监督支付函。应收账款确认函是项目方确认太平洋建设应收账款的真实性文件；到期回购承诺函明确了项目方对太平洋建设应收工程款的回购时间；财政监督支付函则保证了专款专用，项目方支付工程款时，转入基金监管专户。这样，三函便从事前、事中、事后全流程实现了风险控制的闭环。

至此，从基金产品的法律逻辑到各个环节的风险控制，我已经全部设计完成，“白条”即将变成“金条”，这在当时属行业首创。这是一次真正的业务创新，缺少可以借鉴的成功经验，需要凭借创新挖掘商机。“三函”成为创新的“护城河”。

有机遇就有挑战，有创新就有风险，创新与风险总是相伴而生，需要投资机构练就创新与风控之间的“平衡术”。在信用社工作期间我对此感触颇深。

在2001年的年终会议上，我了解到部分信用社出现了农户小额贷款坏账率高发的现象，因为有的农民获得小额贷款之后，挪作他用甚至用以赌博。农户小额贷款原本是一种创新的政策性普惠金融服务，由于管理不到位，不仅影响按期还款，还会带来很多社会问题，造成诸多不良影响。

对此，我冒着被撤职免职的风险，创新地推出《农户小额贷款实施办法》：凡是农户申请小额贷款，必须由配偶和成年家庭成员签署申请书和贷款合同，以示全家对此知情；同时，家庭主要成员承担共同还款责任，否则不得发放贷款。我为此准备了一套应对上级检查的说辞，自认理由非常充分：农户信用贷款不是农民信用贷款，指的是一户人家、一个家庭而非户主一个人，当然需要其家庭成员知悉详情、签字确认。这项风控措施推出后，我负责的辖区内运行情况良好，既满足了农户对小额贷款的正当需求，又有效控制了风险，到期收回率达到98%以上，远高于70%~80%的行业平均水平。

《孙子兵法》有云："守正出奇。以正合，以奇胜。"说的便是这个道理。把握风控与创新的分寸，是元亨祥十年来一直坚持的底线思维。

"三函"研发成功后，我马上把基金方案交给了太平洋建设财务总监，通过他向严介和汇报，同时继续开展下一步工作。

在上海，我和彭新桥的朋友老贺引荐的一位基金同行联系，找他帮忙发行基金，请专业的人做专业的事。我对基金发行几乎没有概念，也不清楚操作流程，于是天天催问工作进展。因为他在一家金融公司任职，经常顾不上回复。无奈之下，我只能到他公司等待区守候。一段时间后，他终于给了一份基金合同，虽然内容并不完整，但我至少知道了基金合同的大体框架。凭借在信贷领域多年的工作经验，我很快就按照法律规范将这份合同修改完善。我终于明白，基金发行只需要给投资者提供一份基金合同和产品二折页[1]。

---

[1] 二折页是印刷材料中的一种宣传产品，属于折页类的一种；一般有两页，所以叫作二折页。

太平洋建设很快提供了相关资料和报表，首支基金的质押物是河北邢台市宁晋县所欠的应收工程款，我们专程到项目现场实地考察。我向太平洋建设提出，想在产品正式发行前与严介和见一面，时间定在了“十一”假期之后，地点是桂林漓江。在信用社工作期间，我目睹了不少企业家从白手起家到功成名就。对成功的强烈渴望，让我跃跃欲试，这次与严介和见面将是我创业路上的“决定性瞬间”。

但是，我却在如此重要的时刻迟到了。

严介和在桂林漓江边一处幽静的农家乐设宴款待。由于飞机延误，他一直等到了下午一点多钟。我在路上多次给他的助理打电话表达歉意，表示不必等我们吃饭，但助理答复说：“严主席很重视，一直在等你们。”

终于赶到吃饭的地点，严介和在门口迎接，热情豪爽、充满真诚，让我有些受宠若惊。从那天起，他身上那种豪放热忱的气质深深地吸引了我。

这是我第一次单独与严介和用餐，席间我们交流了近两个小时，关于最需要讨论的融资成本问题，沟通却出乎意料的顺畅。我担心被讨价还价，但严介和却直接给出比报价高2%的最终成本。我以为自己听错了，后来才知道，这正是严介和的非凡气度和处事风格。

很快，元亨祥首期BT项目基金于2012年11月21日正式发行，短短20天便完成了首期募集。就在我为此备受鼓舞之时，一场离职闹剧正在上演。

1.4 重整旗鼓，任贤使能

很少有人知道，从首期基金募集到兑付的一年里，元亨祥经历了怎样惊心动魄的故事。

2012年12月13日，一个灰色的星期四。

首期基金成立后不到一个月，我接到了核心业务团队的辞职申请，之前的渠道也终止合作。元亨祥好不容易扩充到十几人的团队，一夜之间面临土崩瓦解。更令人气愤的是，他们不仅要离开，还要复制元亨祥的模式，直接和太平洋建设合作。

元亨祥创立之初，我将主要精力倾注在产品研发上，暂时没有建立自营销售渠道的计划。因此，首期基金发行时，经朋友介绍，一名销售人员与元亨祥合作，承包了首期基金的销售，按销售业绩结算佣金。在合作过程中，他一边做产品销售，一边了解产品模型与业务逻辑。当他看到元亨祥产品市场反响热烈、投资风险可控，很快就萌生另起炉灶的想法。

产品正式发行不久，我无意间听到这名渠道商与太平洋建设子公司人员直接电话联系，越过元亨祥提出合作意向。12月上旬，当他拿到佣金以后，第一时间提出分道扬镳。

12月13日，业务人员也纷纷离职，其中有位年轻人在元亨祥只工作了一个月，掌握了太平洋建设一些对接人的联系方式，突然以家中有事为由提出离职。现在回想起来，如果不是我亲自保管公章，整个公司都面临着被这些人侵吞的危险。我在上海人生地不熟，他们同时集体发难，甚至叫嚣让我“滚回南昌去”。

既然事态已经发展到如此恶劣的地步，我必须当机立断，彻底解除后患。“当断不断，必受其乱。”12月18日，周一上班第一时间，我同意了他们的辞职申请，希望大家好聚好散。办理完离职手续后，面对着归于平静的空荡荡的办公室，我再次陷入了沉思。

那次釜底抽薪式的离职风波，表面看，是“人”的问题，实际上是“势”的问题，在泥沙俱下的行业大势下，既反常又正常，是偶然也是必然。元亨祥的经历是当时私募基金行业的一个缩影。2012年，正是私募基金行业良莠不齐、野蛮生长的时期，大量创业公司和从业者在黑暗中负重前行，在混沌中痛苦挣扎，在求生中铤而走险。

“灰色星期四”之后的两周，12月28日，十一届全国人大常委会第三十次会议表决通过修改后的《证券投资基金法[1]》，首次将非公开募集基金纳入法律调整范围，对其募集、运作、管理进行规范。次年6月1日，新《证券投资基金法》正式施行，私募基金行业进入了“有法可依”的时代，2013年成为私募基金行业的监管元年。

无论是这些离职者的综合素质还是行业大环境，都是无法改变的客观存在。怨天尤人没有用，唯有不断提升元亨祥自身的专业性和核心竞争力，才是唯一的出路。

风波平息以后我冷静思考，元亨祥的护城河在哪里？核心竞争力又是什么？我最终确定，公司的定位是私募基金产品供应商，持续专心研发、不断推陈出新，这样我在信用社工作20多年的风险管理经验也能得以发挥。公司的护城河就是产品研发，核心竞争力就是风险控制。

想通了这一点，我立刻振作起来，从零开始招贤纳才，重整旗鼓。正是在这段关键时期，一批后来对元亨祥发展至关重要的员工，走进了我的视野。

元亨祥的人才观是“任贤使能，和而不同”。《论语·述而》有云：“志于道，据于德，依于仁，游于艺。”贤才要有人生理想和奋斗目标，要依据仁的精神和拥有高尚的品德，还要能善于娴熟地运

---

[1] 《中华人民共和国证券投资基金法》是为了规范证券投资基金活动，保护投资人及相关当事人的合法权益，促进证券投资基金和资本市场的健康发展而制定的法律。现行版本为 2015 年 4 月 24 日第十二届全国人民代表大会常务委员会第十四次会议修正。

用业务知识和技能。简言之，贤才就是要有理想、有道德、有知识、有才能，这是德才兼备的标准。元亨祥的人才观体现任贤使能、和而不同的开放广度，应重视人才价值，要求公司上下发现人才、崇尚人才、尊重人才，实现人力资源的全方位开发。

“任贤使能”是君子聚合之道。财富管理行业是人力资本主导资金资本的产业，人才聚合度尤为重要；“和而不同”则要求我们有人才包容力，追求思想、理念的统一和专业领域的差异。元亨祥最重要、最宝贵的资产是我们的员工。我们的人力资源管理基本目的是建立一支在行业内有着较高声誉的高素质、高境界和高度团结的队伍，以及创造一种自我激励、自我约束和促进优秀人才脱颖而出的机制，为公司的快速成长和高效运作提供保障。

元亨祥的用人理念是“以德为先，荣誉智勤，责任创新”。元亨祥的人才价值评判体系中，“德”永远处于第一位。元亨祥的员工首要条件是有优良品德，有仁爱之心和公益之心，以公益和仁爱之心对待客户、合作伙伴和同事。元亨祥认为最大的智慧是勤奋，天道酬勤，以勤补智。“藏智而近拙，藏巧而近朴”[1]，比起眼高手低、耍小聪明的人，我们更倾向于选择脚踏实地、踏实肯干的员工，勤奋才是真正的大智慧。

2013年1月，临近癸巳春节，我面试了在期货行业有五年工作经历的期货交易员张岚。她此前在中信五牛城上班，距离元亨祥的

[1] 出自明·洪应明《菜根谭》上：“藏巧于拙，用晦而明，寓清于浊，以屈为伸，真涉世之一壶藏身之三窟也。”

办公地点华能联合大厦不远。与很多期货交易员一样，张岚这五年的职业生涯足够紧张和刺激。白天看国内行情，晚上盯国际行情，她一开始觉得很兴奋，一次操作就意味着极高的回报或者损失。但是五年过去了，她渐渐对期货行业感到厌烦，见惯了潮起潮落的惊心动魄，一言而兴一言而丧。面试的时候她对我说：越来越接受不了期货行业部分从业者身上的浮躁。

入职元亨祥之后，张岚由期货交易员转型为产品经理，从后端走向前台，专注研发基金产品。她突破自我，转变工作方式，更主动地感受客户需求，面对客户现场带来的压力，对产品发展和客户需求有了更全面的认知。后来她告诉我，加入元亨祥是她职业生涯中做出的一个最有挑战也最有意义的决定。坚持突破自己的人，才会看到更多的风景。来到元亨祥，她想在这个平台上做出一些有意义、有价值的事情。

事实证明我没有选错人，她也做出了正确的选择。张岚创造了元亨祥的很多第一次：第一次论坛，第一次净利达千万元级别……有些员工还给她起了个外号叫作“First Lady”。她现在已经是元贞祥产发的执行总裁。

5月31日，杨丽娜入职，成为一名基层行政助理，用她的话来说是“金融行业的小白”。她见证并亲历了元亨祥创业初期的艰难苦辛，赶上加班，我们经常只是在公司不远处的路边摊随便吃上一份蛋炒饭或炒米粉。杨丽娜从基层干起，凭着一股踏实、负责、能吃苦的韧劲，逐渐成为行政运营部门的骨干力量。2016年11月底，她升职为总裁办主任兼行政综合部总经理，负责搭建元亨祥的大行政体系。在大浪淘沙的十年风雨中，她不断经受考验，一步步稳扎稳打，从总裁办主任、副总裁，再到常务副总裁，逐步成长为公司核心高管……

随着团队不断扩大，元亨祥逐渐进入正轨，正是从这时起，我开始思考企业文化的问题。**元亨祥有什么？应该是资本+智慧，所以我提出了“资源以资本优化，资本以智慧放大”的经营理念，创新产品、价值投资，才是元亨祥真正的护城河。**

“商圣”范蠡的老师计然[1]在《文子·微明》中说：“使人高贤称誉己者，心之力也。使人卑下诽谤己者，心之过也。”行有不得，反求诸己。《菜根谭》中也有这样的叙述：“我果为洪炉大冶，何患顽金钝铁之不可陶熔。我果为巨海长江，何患横流污渎之不能容纳。”只有元亨祥变得更为强大，才能吸引更多优秀且符合我们文化价值观的人才加入。

[1] 文子，姓辛氏，号计然。春秋战国时期哲学家。文子是老子的弟子，与孔子同时，为《文子》（又称《通玄真经》）一书作者。文子学道早通，游学于楚。楚平王孙白公胜曾向他询问“微言”。常游于海泽，越大夫范蠡尊之为师，授范蠡七计。范佐越王勾践，用其五而灭吴。《汉书·艺文志》道家类著录《文子》九篇。范蠡师事于计然，《太平御览》卷 404 所引太史公《素王妙论》：“计然者，蔡丘濮上人，其先晋国公子也，姓辛氏，字文，尝南游越，范蠡师事之。”

1.5 向优秀学习，创“文化纲要”

2013年6月，元亨祥成立还不到一年，我决定向华为学习，制定一部自己的元亨祥文化纲要。那时员工才35人，组织架构只有产品研发部、合规经营部、行政综合部、财务管理部四个部门，很多员工对此大为不解，但在我看来，企业文化是公司长期发展的核心所在。

这一点源于我在信用社工作时期的深刻体会。

2004年5月26日，江西省农村信用联社正式挂牌成立，主编了一套农村信用社管理用书，要求全系统员工认真学习。《战略与理念》《企业与文化》《管理与流程》等图书给我留下了极为深刻的印象，如《企业与文化》一书中，对企业文化的定义让我记忆犹新："企业文化是企业信奉并付诸实践的价值理念，是企业管理者和员工的理念、精神、行为方式和形象表现的总体，是企业在经营过程中形成的系统的精神文化、战略文化、制度文化、行为文化和形象文化的总和。"

通过对这套管理用书的学习，我对企业文化的基本概念才逐渐变得清晰：企业口号不等于企业文化，但是企业口号是企业文化的表现形式。江西省农村信用社的战略定位是"立足县域、服务三农"；价值观是"勤奋、忠诚、严谨、开拓"，而核心价值观则是"敬业"，并不是我们通常想象的从价值观中提取一条，作为核心价值观。

在信用社工作期间，我对这套管理用书进行了认真学习，并力求知行合一、学以致用。我用书中学来的知识重塑了业务逻辑与管理流程，从战略定位到经营管理，再落实到经营目标、实施路径、操作流程，到团队建设、组织发展。这套书让我如沐春风，从战略层面到经营层面都得到了很大的提升。

信用社是我的"大学"。不仅以其容错、纠错机制，锤炼了我的经营管理能力，还通过长期的专业培训和环境熏陶，极大地提升了我的理论水平，让我受益无穷。至今，我几乎把学到的知识、积累的经验充分照搬到元亨祥的经营管理之中。

因此，信用社时期对于企业文化的经验和体会，引发了我起草元亨祥文化纲要的热情。我想借此机会，理性、系统地回答"元亨祥是谁？""我们将要做什么？""将如何发展？"等战略问题。我深知，这些问题并非空泛之谈，反而在企业经营过程中起着实实在在的指导作用。如华为一样，我希望元亨祥文化纲要也能形成一套完整的体系，推动企业文化建设。

当时对企业文化的认知还停留在我个人层面，元亨祥多数员工没有我在信用社的类似工作经历，难以理解我为什么要在创立不到一年就着手起草元亨祥文化纲要。咨询公司的老师问我："究竟是先有优秀的企业，还是先有优秀的咨询公司？"答案莫衷一是，但我坚定认为，全世界优秀企业都善于借用外脑，与咨询公司合作最大的价值就是"借智"。

我决定全面深入地学习先进的企业文化与管理理念，与优秀同行。于是，我们按图索骥，辗转找到和君创业管理咨询公司（后文简称"和君创业"）。起初，他们对创业不到一年的元亨祥并不重视，但通过电话了解到我的职业生涯与商业模式、经营理念以后，和君创业总裁李肃来到公司和我面谈，对我们非常认可，于是双方很快敲定了合作意向，咨询团队很专业，但拟定和推行元亨祥文化纲要的过程并不顺利。

元亨祥员工对这项工作重视度不高，配合度也不够，大家并不理解元亨祥文化纲要在实际工作中的作用，工作推进困难重重。我自己动手拟定了元亨祥企业文化的基本内涵：以"为客户创造收益，为伙伴创造效益，为员工创造平台，为股东创造价值，为社会创造财富"为企业使命，以"汇聚社会资本，驭领时代投资，追求卓越文化，铸就百年辉煌"为企业愿景，以"相互成就、共同分享"为核心价值观，以及"为人谦逊隐忍，做事卓越担当"的行为准则、"目标性经营，品牌化管理，效益型扩张，稳健型成长"的发展理念、“专业、专注、专心、专属”的经营理念、“平台纳才，待遇聚才，文化塑才，事业铸才”的人才理念等等，沿用传承至今。

当然，元亨祥文化纲要的问世并非一蹴而就。从2013年6月23日启动，至今经历了五次迭代。可以说，元亨祥文化纲要的更新完善过程，伴随着元亨祥的十年发展历程。对我个人而言，十年来始终面对着不同的市场环境和发展阶段，对元亨祥文化纲要的不断完善，本身就是在构建元亨祥的管理哲学体系。比如在第二次修订过程中，元亨祥提出了“顺天道、守正道、拓财道、得王道、成圣道；传正知、播正念、导正向、践正行、弘扬正能量”的“经营哲学”。在第五次修订过程中，元亨祥的核心价值观亦从“相互成就、共同分享”提升为“家、和、水、立、兴”：入仕家文化、顺时和文化、做事水文化、经世立文化、成势兴文化。战略定位经过多次优化表述，最终确定为“生命科学产业化应用价值赋能平台”。

元亨祥文化纲要是我们对企业文化最高形式的总结，是企业成长过程中的“魂”，流淌着企业独特的基因和血液。它基于现代企业管理思想，与中国传统哲学思想一脉相承，它指引着元亨祥前进的方向，也成为维系元亨祥人之间文化连接的精神纽带，把元亨祥企业文化进行了哲学概括和文学提炼，并指导着我们在实践中活学活用。

起草元亨祥文化纲要标志着元亨祥开启了一个文化自觉的发展阶段，但在企业的运营层面，仍有多个短板需要一一补足。随着时间拨转到2013年，元亨祥这个陆家嘴的“新秀”逐渐进入主流视野，崭露头角。

第二章

拥抱监管：安全第一，守正出奇

2.1 高峰论坛，亮相陆家嘴

2013年1月，第一支基金产品的发行与商业模式的确立，让元亨祥在陆家嘴初步亮相。但在偌大的上海滩，无论是投资者、合作方还是新闻媒体，知道元亨祥的人寥寥无几，我们应该如何迅速打开局面、汇聚资源、提升品牌影响力？

春节前参加行业交流活动时，一位银行领导建议我通过举办行业论坛对外发声，彰显实力，让更多同行与投资者了解元亨祥，提高知名度。

春节放假前两天，我找来入职不久的张岚，和她商量如何举办论坛。张岚是上海本地人，身上很有股冲劲。她入职后主要负责产品研发工作，此前从未有过举办论坛的经验，接到这项充满挑战的任务，二话没说就一口答应，立即投入了工作。她从一开始就践行“做事卓越担当”，如今已经成为元亨祥最早的一批事业合伙人。

我们首先讨论了论坛的举办时间：如果安排在休息日，担心嘉宾不愿牺牲休息时间参加；如果安排在工作日，又担心他们没有时间参加。经过调研，我们发现嘉宾喜欢在周五下午参加行业聚会，既不影响工作，又不影响休息。反复斟酌后，最终将时间定于3月1日（星期五）下午。

确定论坛举办日期后，需要尽快预订场地，我告诉大家，要选就选最好的酒店。我的思路是论坛要么不办，要办就全力以赴。论坛应当是持续的活动，第一届尤为重要，要为今后的论坛开好局、起好步。张岚很快就在金茂大厦[1]订好了场地，此时留给筹备工作的时间只有不到半个月。我们马不停蹄、夜以继日地开会讨论，一项项确认、落实各项事宜。其中确定论坛名称的过程最为波折：我们在会议室的黑板上写了又擦，擦了又写，不断修改，一开始根据所在行业，将主题定为“元亨祥财富管理论坛”，但觉得缺乏特点，不够新颖。经过反复探讨，我们决定结合主营业务，将论坛聚焦于“新型城镇化[2]”，直到论坛举办的前两天，才将主题最后确定为“2013元亨祥财富管理·新‘城镇化’投资论坛”。

[1] 金茂大厦是陆家嘴最具代表性的高层建筑之一，主楼地上 88 层，高度 420.5 米，曾被评为新上海十大地标。

[2] 2012 年党的十八大报告提出，要“坚持走中国特色新型工业化、信息化、城镇化、农业现代化道路”。自 2008 年国际金融危机爆发，我国高度重视城镇化发展，并通过基建投资扩大内需、拉动经济新一轮增长，新型城镇化相关理念也随之升温。

在邀请论坛主旨演讲嘉宾时，我想到的第一个人自然是严介和。那段时间，我多次与他电话沟通，汇报基金产品募集进度和元亨祥发展情况。严介和对我和公司一直关心有加，他的谦和与热情，一次又一次地感动了我。邀请他参加论坛的过程很顺利，电话说明想法后，他立刻答复："元亨祥的事情，我有求必应。"

邀请嘉宾、拟定议程等众多工作均由张岚全权负责。她通过QQ群等方式在网上宣传论坛，向元亨祥的合作伙伴、同业人士等发出定向邀请。为了展示形象，我们想在论坛结束后举行晚宴，招待所有参会嘉宾。我们担心第一次举办论坛，缺乏影响力，无人捧场，所以起初按照150人规模准备晚宴。

当时，元亨祥与销售渠道进行合作、独立核算。因为他们掌握着客户资源，所以他们非常强势。听说元亨祥要举办论坛，渠道既担心相互之间抢夺客户，又对元亨祥直接接触客户十分敏感。因此，他们就晚宴的座位安排向张岚提出了严苛的要求：渠道必须和自己带来的投资者坐在一桌，其他渠道不得前来敬酒、交换名片。各渠道带来的投资者餐桌之间，还需要安排一桌非投资者作为"物理隔离"。

张岚因此煞费苦心地安排晚宴座位，精心绘制了座位图。一开始我们预订了15桌宴席，但嘉宾邀请工作刚开始，报名人数就突破了150人，一周后达250人。干练的张岚不断与酒店沟通，将宴席增加至25桌，每桌12人。后来报名人数超过了预订席位，到举办前两天，更是接近了500人，她又联系了酒店的自助餐厅，这才妥善解决了就餐问题。直到论坛前夜，她还在连夜调整一改再改的座位图，忙到几乎天亮，第二天又投入论坛的接待工作中。

3月1日，陆家嘴金茂大厦君悦酒店宴会厅里灯火辉煌、宾客如云。面对眼前的场景，我心潮起伏：一年前的今时今日，我在南昌接到信用社的通知，让我回家休息，前途未卜；而时隔一年后，我已创立了元亨祥，并在陆家嘴举办论坛，邀请知名嘉宾纵论经济形势，不禁感慨万千。

严介和如约提前10分钟到达活动现场，主持人逐一介绍与会嘉宾："太平洋建设集团创始人、太平洋商学院院长严介和；著名财经作家吴晓波；海通证券首席经济学家李迅雷……"

参会嘉宾济济一堂，其中既有元亨祥基金产品的销售渠道、投资者，也有来自券商、信托、银行等金融投资机构的同行，大多数是冲着演讲嘉宾的影响力慕名而来。只邀请主流经济学家是元亨祥对论坛嘉宾的基本要求，这条原则从首次举办论坛时就确定下来并延续至今。

我代表主办方致欢迎辞后，严介和登台发表了主旨演讲。他一如既往地脱稿演说，引经据典、学贯东西、高屋建瓴、酣畅淋漓。他谈到了对新型城镇化的见解，谈到"要想富，先修路"，也谈到了"BT模式"创新："现在大家把我称为'中国BT模式第一人'，我当年不知道什么叫'B'，什么叫'T'，我只是先把工程做了再说。'BT模式'是后来总结出来的，我这才知道，哦，原来我做的事情叫'BT模式'。"台下顿时掌声雷动，他的演讲永远都有这样的魅力。

严介和给论坛开了一个好头，经济学家、财经作家、学者依次登台，围绕着“新城镇化投资”展开演讲。

论坛结束后晚宴开始，张岚引导嘉宾按照座位图入座，得益于她的细心安排，来宾们觥筹交错、谈笑风生，其间一切顺利。晚宴结束后，张岚已累得精疲力尽。通过此次论坛，元亨祥的知名度得到明显提升，论坛成果显著，因此我给张岚发放了1万元奖金，以表彰她的辛勤付出。

思想力决定影响力。那场论坛是元亨祥在陆家嘴第一次公开亮相，由投资大咖共同奉献的思想盛宴为元亨祥擦亮了品牌。多年后，私募圈的朋友还会和我谈起那个周五下午。我们与很多合作伙伴、老客户都结缘于那场论坛。2020年，元亨祥与一家金融机构初次合作，张岚在添加对方负责人的联系方式时，发现二人早已是好友，原来就是在元亨祥论坛上结识的。

论坛像一道聚光，照亮了初次踏上舞台的元亨祥，给了它一个亮相的机会，元亨祥的信誉度、美誉度、诚信专业的企业形象都得到了有效传播。从此，在这道光的照耀下，更多人看到了这颗新星慢慢长大，逐渐走向舞台中央，与大家相互成就、共同分享。举办论坛只是元亨祥成立之初打响品牌的第一步，蹒跚学步的我们，还有很多功课要做。

2.2 加入协会，行稳致远

首届元亨祥投资论坛举办不久，2013年初夏，彭新桥来上海出差，顺便到元亨祥探访。他建议我们加入中国证券投资基金业协会[1]（简称“中基协”），成为会员单位。我十分感谢他告知如此重要的信息，也非常渴望加入基金行业的自律性组织，这

[1] 中国证券投资基金业协会成立于2012年6月6日。根据《中华人民共和国证券投资基金法》，基金管理人、基金托管人应当加入协会，基金服务机构可以加入协会。中国证券投资基金业协会是基金行业相关机构自愿结成的全国性、行业性、非营利性社会组织。会员包括基金管理公司、基金托管银行、基金销售机构、基金评级机构及其他资产管理机构、相关服务机构。协会秉承“服务、自律、创新”理念，自觉接受会员大会和理事会的监督，严格按照国家有关法律规定和协会章程开展工作。

必将推动元亨祥未来的发展更加规范。

但在初步了解情况后，我心里有些忐忑：以元亨祥的发展状况，有资格成为中基协会员吗？

彭新桥告诉我这个消息的时候，中基协刚刚成立一年，已经吸纳了首批私募基金类会员企业，共60家，其中有14家管理资金规模超100亿元。盘点会员企业的名单后，我发现其中卧虎藏龙，业内知名公司都赫然在列[1]。

我向彭新桥表达了担心，他告诉我，不管有没有资格，也一定要试试看。中基协是依据《中华人民共和国证券投资基金法》和《社会团体登记管理条例》，在民政部登记的社会团体法人，是基金行业的自律性组织，未来将在引领并规范行业方面发挥更大的作用。如果不是会员，元亨祥以后极有可能无法正常开展业务，应该主动拥抱监管！

行业监管的政策动向证实了彭新桥的判断，2013年正是私募基金行业不断规范的一年。修订后的《中华人民共和国证券投资基金法》自6月1日起正式实施，首次将非公开募集资金纳入法律监管范围，明确了私募基金的法律地位，我国私募基金行业从此走上了规范发展道路。2013年也被称为私募基金行业的监管元年。

在彭新桥的指导下，我们电话联系中基协，按照要求报送了相关资质、经营状况、年度经营计划等文件后，等待协会的审查。在

[1] 其中包括复星集团旗下的复星创富投资、平安保险旗下的平安道远投资、美的集团创始人何享健之子何剑锋旗下的盈峰资本、吴尚志旗下的鼎辉股权投资、赵军旗下的淡水泉投资等。数据来源，中国证券投资基金业协会信息公示系统。

此期间，我还专程前往北京，到中基协拜访，相互增进了解。2013年8月，借着行业规范的春风，元亨祥正式被吸纳成为中基协特别会员单位，从一名“另类新兵”渐渐成为“正规主流”。

我非常感谢彭新桥，是他启发了我对“基金”的认知，并在我创业之初的关键时期给予指导。元亨祥的工商注册也是在他的帮助下完成的。那段时间，我们利用工作机会在上海或南昌见面交流，每次都相谈甚欢、意犹未尽。他从专业的角度给予了很多有价值的信息和建议，令我收获颇多。

加入中基协之后，正值元亨祥和“模仿者”激烈竞争的时期，行业中鱼龙混杂。2013年10月的一天，太平洋建设相关负责人转告我，有人反映，市场上有假的元亨祥基金产品，希望我高度重视、妥善处理。

我正在机场准备出差，一开始有点儿蒙，继而感到不安与不平。这个产品一定是有人冒充元亨祥发行的，一定要向太平洋建设方面解释清楚。我决定先与严介和的夫人、太平洋建设集团监事会主席张云芹联系，说明情况。

2013年8月，我前往江苏淮安拜访严介和时，认识了张云芹。严介和原计划于8月22日来上海出差，顺路到元亨祥指导工作，我们做好了迎接他的准备。直到当天下午四时多，他的助理突然打来电话，告知行程有变，临时约我到江苏淮安见面。

此时担任行政助理的杨丽娜主动请缨，驾车和我一起立刻赶往淮安。杨丽娜刚刚参加工作不久，还是一副大学生的模样，身上有一股“初生牛犊不怕虎”的拼劲。

因为天色渐晚、道路不熟，途中走错路又折回，经过6个多小时的奔波，我们才赶到淮安，此时已是深夜23时。下车后杨丽娜才发觉，因为长时间紧张驾驶，双臂一直在不自觉地发抖。事后我才知道，她此前并没有连续开过这么长时间的车，更很少在夜间驾驶。因为时间太晚，太平洋建设工作人员安排我们在附近酒店住宿。

第二天一早，我与严介和夫妇在其与周恩来故居[1]仅一墙之隔的旧居见面。严介和介绍道："这就是程芳，以前在信用社工作了很多年。"我们一起吃了地道的牛肉汤面，张云芹微笑着对我说："严主席多次和我提起你，说你做事稳重。今天见到你本人，我也觉得你是面善之人、可交之人。"正是因为这次见面给她留下了较好印象，所以有人冒充元亨祥时，我第一时间想到先向张云芹解释。

我拨通她的电话，说明情况，张云芹语气平和地回答："那是有些人嫉妒元亨祥做得好。"她的话让我如释重负。

但这件事也提示我，应该设立更加规范的风控制度。其实，我们在第一只产品发行之初，就与银行合作，建立托管账户，由商业银行对募集资金进行托管。虽然银行要收取托管费用，但在我看来

[1] 周恩来同志故居位于江苏省淮安市淮安区驸马巷，为全国重点文物保护单位。故居由东西相连的两个宅院组成，整个建筑是青砖、灰瓦、木结构平房，具有明清时期典型的苏北城镇民居建筑风格。1898年3月5日，周恩来诞生于故居东宅院。资料来源：人民网周恩来纪念网。

非常值得。当时在行业内，这种做法并不多见，很多同行认为没有必要，但元亨祥认为基金行业日趋规范是发展的必然，我们只是主动而为，拥抱监管。

此后不久，中基协于2014年1月发布《私募投资基金管理人登记和基金备案办法》，开始实施管理人登记和基金备案制度[1]。彭新桥的话果然没有错，国家对私募基金行业合规要求越来越严格，加入协会成为会员只是第一步，下一步无论是基金管理人身份还是基金产品，都需要在协会登记备案，通过中基协向社会公示，让投资者有据可查。

元亨祥一直坚持依法合规经营，拥抱监管。实施备案制度后，哪家公司有资格从事私募基金业务，公司旗下具体有哪些产品，这些信息随时可以公开查询，如果元亨祥再遇到被人假冒的情况，解释起来也简单多了。2014年4月29日，元亨祥登记成为中基协首批私募投资基金管理人。

[1] 该《办法》规定，私募基金管理人应当向基金业协会履行基金管理人登记手续并申请成为基金业协会会员。私募基金管理人申请登记，应当通过私募基金登记备案系统，如实填报基金管理人基本信息、高级管理人员及其他从业人员基本信息、股东或合伙人基本信息、管理基金基本信息；登记申请材料不完备或不符合规定的，私募基金管理人应当根据基金业协会的要求及时补正；申请登记期间，登记事项发生重大变化的，私募基金管理人应当及时告知基金业协会并变更申请登记内容；基金业协会可以采取约谈高级管理人员、现场检查、向中国证监会及其派出机构、相关专业协会征询意见等方式对私募基金管理人提供的登记申请材料进行核查；网站公示的私募基金管理人基本情况包括私募基金管理人的名称、成立时间、登记时间、住所、联系方式、主要负责人等基本信息以及基本诚信信息。

据我所知，“模仿”元亨祥业务模式的竞争者们，没有一家在中基协备案登记。**他们把更多精力都放在了“向钱看”上，而元亨祥在“走”的同时，一直还在考虑如何才能“走得更稳”“走得更远”**。

2.3 质押登记，行业首创

2013年初春，上海的气温上升得很快，在明媚的春光之下，我的内心却隐隐感到不安。我意识到，元亨祥为太平洋建设创新的私募产品，底层逻辑还存在一个隐患。元亨祥这匹年幼的骏马已经开始加速奔跑，应该尽快消除这一隐患。

元亨祥设计产品的出发点是帮助太平洋建设融资，其质押物是太平洋建设的政府基础设施应收工程款项。元亨祥已经通过“三函”中的“应收账款确认函”防范了抵押物的真实性风险；还款能力的可实现性问题，我们通过“三函”中的“到期回购承诺函”要求政府承诺了偿还工程款和具体还款时间；但是抵押物的唯一性，尚未在第三方机构登记得以确认。这就像我们以房产办理抵押贷款，必须在房产登记机构进行登记，否则抵押无效。

如何才能确定抵押物的唯一性呢？当时，根据《中华人民共和国物权法[1]》的规定，质权的确定必须由质权人和出质人签订质权合同。以应收账款出质的，同时要在“信贷征信机构”办理出质登记[2]。元亨祥和太平洋建设的项目公司已经签订质押合同，但找不到质押登记机构进行登记。

当我和同行、业内专家交流探讨这个问题时，他们总是不以为然地告诉我，这根本就是一个“不成问题的问题”。因为在整个基金行业，甚至扩大至信托行业，当时没有一家公司为基建工程的应收账款办理过质押登记。退一步说，即便想做，行业内也没有人知道应该去哪个信贷征信机构办理这项登记。但我坚信，一定有这样一家机构存在，我们必须找到它，彻底消除安全隐患。

“安全第一”的底线思维是我在信用社工作时就形成的。每当给农户或企业发放贷款时，我除了严格执行信用社规定的风险防范措施，往往还会要求会计或负责人作为连带责任保证人，为信贷项目多加一层保险。

我下定决心，一定要尽快完成质押登记。既然“内行”都告诉我这件事不必做，那么我就去找一个“外人”，一定要把这件事做成。

---

[1] 《中华人民共和国物权法》自 2007 年 10 月 1 日起施行，但在《中华人民共和国民法典》自 2021 年 1 月 1 日起施行后，《物权法》同时废止。

[2] 《中华人民共和国物权法》第二百一十条、第二百一十三条、第二百一十八条。

依法合规是元亨祥最早确立的经营原则，这一点在初版元亨祥文化纲要中就明确提出[1]。依法合规是我们经营行为的前提，是元亨祥人遵循的核心职业操守和行为准则，元亨祥必须坚持依法合规经营。为了规范，我们宁可慢一点；为了合规，我们宁可舍弃一些。

此时，一名华东政法大学毕业一年的研究生加入了元亨祥。考虑到她在经济法方面的学习背景和资源，我决定让她专门跑通质押登记的流程，并且开出了税后15万元的年薪，当年上海市在岗职工年平均工资仅为9.15万元。在这15万元背后，是一件让我夜不能寐的大事。质押登记决定了元亨祥持有质押物的合法性。

经过法律咨询后，这名新员工找到了主管这项业务的单位：中国人民银行动产质押登记中心（后文简称“登记中心”）。登记中心隶属于中国人民银行征信中心。原来，2007年《中华人民共和国物权法》施行之前，征信中心便开始启动针对应收账款质押登记相关公示系统的研究。当年10月1日，即《物权法》正式生效当日，应收账款质押登记公示系统便上线运行了。

过了几天，我看见这名新员工一脸泄气的样子，便知道事情办得不顺利。她告诉我，登记中心的工作人员说，央行执行应收账款登记的法律依据除了《物权法》，还有当年9月26日通过的《应收账款质押登记办法》，解释了“应收账款”是一种“付款请求权”，

[1] 在2016年9月修订的2.0版元亨祥文化纲要中，元亨祥的经营原则被丰富为包括安全性、合规性、差异性、效益性、持续性在内的“五性原则”。

其权利包括“公路、桥梁、隧道、渡口等不动产收费权”，但登记中心不能确定像太平洋建设这样的市政工程应收账款能否办理质押登记。

我斩钉截铁地告诉这名新员工，不管付出多少努力，必须继续和登记中心沟通清楚，这件事一定要做成，而且也一定能做成。

此时元亨祥内外部环境都颇不平静。

内部有些员工见我如此重视质押登记这样一个“可有可无”的环节，他们或多或少都表达过不解甚至不满；外部面临激烈的竞争，10余家企业复制元亨祥首创的基金产品。这些公司无一例外地把竞争的焦点放在销售方面：如何激励理财师拉来更多的投资者、如何相互挖角、如何迅速扩大业务规模，等等。

但我却从未因这些“杂音”而动摇过，一方面是有清晰的认识，另一方面是有成功的经验。在信用社工作期间，我曾亲手经办当地高校学生公寓收费权质押业务，收费权质押与应收工程款质押性质相似，所以确信这项登记合法合规，没有办不成的道理。

我知道凡事根基扎牢最为重要。质押登记是业务合规的根基，只有打好基础，元亨祥才能稳健前行。

终于，我们的努力有了结果。2013年6月28日，中国人民银行动产登记中心批准了元亨祥的申请，第一笔“建筑行业应收账款质押登记”正式完成。元亨祥人凭着韧劲和专业，用短短几个月时间，终于攻克了这个难关。

对于质押登记这项工作，元亨祥勇于先行先试，为行业内基建工程应收账款质押登记开了先河。令人欣喜的是，在元亨祥首创这项登记后，越来越多的同行纷纷效仿。4年后，2017年10月25日，中国人民银行发布修订后的《应收账款质押登记办法》，并自2017年12月1日起施行。新《办法》将“公路、桥梁、隧道、渡口等不动产收费权”一则修改为“能源、交通运输、水利、环境保护、市政工程等基础设施和公用事业项目收益权”，基建工程应收账款正式进入了法定的质押登记范畴。

元亨祥曾为此做出过积极深入的探索，提前4年零4个月实现了质押登记。对此，我们深以为傲。

2.4 始于“第一”，终成“唯一”

随着首创质押登记等一系列工作的完成，从2013年下半年开始，元亨祥进入了发展快车道。

此时的元亨祥员工人数从“灰色星期四”的“归零”，重新发展到35人左右。2013年4月28日，公司从华能联合大厦6层，搬至陆家嘴办公条件更好、位置更加醒目的招商局大厦[1]。

站在新办公室里俯视黄浦江，心境已和8个月前元亨祥草创时完全不同。招商局大厦坐落在陆家嘴的十字路口，人来人往的外滩，每个人都忙忙碌碌。我想象着：曾有多少人从四面八方来到这里追逐梦

[1] 上海招商局大厦紧邻延安东路隧道口，与外滩金融街仅一江之隔，1995 年 12 月落成。大厦总建筑面积 74642.11 平方米，总高度 186 米。

想？向左走还是向右走？又有多少人曾在这里做出影响命运的关键抉择？不到一年时间，元亨祥不仅发行了首支基金，创新了商业模式，在陆家嘴站稳了脚跟。同时，我们苦练内功——首创应收工程款“三函”、首创应收工程款质押登记、降低产品风险、加入行业协会、主动拥抱监管、举办论坛、扩大影响……此时眼前面临的是一个又一个十字路口的抉择，是一次又一次弯道超车的机遇。当然，也不乏纷纷质疑的声音。

这些质疑源于对元亨祥的不了解。很多同行和投资者不相信元亨祥基金产品的高收益率，因为房地产行业的建筑项目平均利润率通常在8%~10%，怎么会有人以高于平均利润率的成本进行融资呢？还有人认为，元亨祥基金投资的工程项目通常位于中西部欠发达地区，元亨祥如何保证当地财政按时支付工程款呢？这些人是因为没有真正了解太平洋建设的商业模式和我们为安全兑付所做的一系列风控措施，才会心存疑惑。

2013年10月，距离元亨祥第一支基金产品兑付期限还有一个月左右。经过思考，我提出了一个想法——举办一场兑付新闻发布会。其实外界对我们质疑的核心，就是不相信投资者能按时获得收益，所以没有什么比安全兑付的事实更能让人们加深对元亨祥的认识和信任。举办兑付新闻发布会在行业内尚无先例，之所以这么做，就是要理直气壮地宣传太平洋建设和元亨祥具有按期兑付的能力，从而提振投资者信心，同时也给合作渠道和元亨祥人点一把火、鼓一把劲。

2013年11月21日，元亨祥首期BT项目基金如期完成兑付。第二天，主题为“情汇元亨祥，智惠投资者”的兑付新闻发布会在陆家嘴丽思卡尔顿酒店举行。

很多记者提前来到会场，抢占前排最佳拍摄和采访位置。一方面，这场业内少见的兑付发布会引起了他们的好奇心，另一方面他们也想了解元亨祥和太平洋建设更多合作细节。还有一些元亨祥的主要合作渠道和业内人士也应邀来到现场，共同见证这一重要时刻。

发布会开始了，我与严介和共同步入会场。台下座无虚席，相机快门和闪光灯的声音响个不停。主持人简单介绍情况后，在新闻媒体的见证下，我宣布了元亨祥首批基金已于一天之前按期兑付的消息，引发了到场人员热烈的掌声。我向媒体介绍了元亨祥与太平洋建设开展的深度合作。

发布会后，记者朋友们意犹未尽，我与严介和在现场即席回答了他们关心的一些问题。我向媒体介绍，元亨祥的业务并不像外人看起来那么简单，不是复制一个PPT、一份合同、一张二折页就能学会的。在这背后，元亨祥在产品设计、风险管控、资质合规、项目尽调、实地考察、政府关系、投资者教育、按期兑付各个环节都做了大量工作。这些苦练出来的“内功”，是很多人看不明白、也学不会的。

这场兑付发布会用事实消除了外界对元亨祥和太平洋建设合作的质疑与不解，提升了元亨祥的知名度和竞争力。到2013年底，元亨祥资产管理规模已经超过我在信用社时期管理的存贷规模，这让我初尝成功的喜悦。这一年公司还荣膺“CVAwards 2012年度中国最佳新锐私募股权投资机构”“2013年度卓越股权投资基金”等奖项，在业内逐渐小有名气。

为了进一步加强合作，2014年1月2日，我向太平洋建设主动提出了逐年自降成本的承诺，这给竞争对手带来了极大压力。

最顶峰时，照搬元亨祥业务模式与太平洋建设合作的公司至少有十余家。在同行和竞争者眼里，“自降成本”无疑是不可思议的“自杀式”行为。表面上看确实如此，尤其是在元亨祥尚未建立自营销售团队的情况下，销售渠道佣金是无法缩减的刚性支出，降成本会直接降低公司的利润。

23年的信用社从业经历告诉我，贪婪才是最大的风险。刚刚进入信用社工作的时候，我记住的第一句话就是“不要把钱当钱”，否则迟早会出问题。当初父亲一直不赞成我去金融系统工作，他认为我在兄弟姐妹中比较调皮，担心我出问题。后来还是母亲执意说服了父亲，这才同意让我报考信用社，父母经常用家乡的谚语嘱托我，到现在我也经常被一句谚语警醒：**挣钱的生意不要赶，亏本的生意不要丢**。

我们把太平洋建设作为战略合作伙伴。元亨祥与太平洋建设更像是守望相助的战友，而非单纯的合作伙伴、甲方乙方。我愿为他们两肋插刀，他们也愿为我出谋划策。“岂曰无衣，与子同袍。”[1] 我一直相信，通过元亨祥3~5年的努力，一定可以充实太

[1] 引自《诗经·秦风·无衣》。这是一首激昂慷慨、同仇敌忾的战歌，表现了秦国军民团结互助、共御外侮的高昂士气和乐观精神。全诗抒写将士们磨刀擦枪，舞戈挥戟，奔赴前线共同杀敌的英雄主义气概。

平洋建设的现金流。2014年7月，太平洋建设首次入选财富世界500强，排名第166位，名列上榜中国大陆民营企业之首。能够助力太平洋建设跻身世界500强，这让元亨祥与有荣焉。

如果说元亨祥与竞争者相比有什么特殊之处，那就是我们始终把投资者和合作伙伴的利益放在自己的利益之前。我们本着对投资者和合作方负责的态度，坚持走进项目地，哪怕山高路远、披星戴月，也必须对投资项目进行实地考察。

那时我的出差行程安排得非常密集，为了不耽误办公时间，我都是在下班以后才从陆家嘴出发，先乘坐地铁，再乘坐当天最晚的飞机或火车。出差随行是杨丽娜担任行政助理的岗位职责之一，如果目的地在长三角地区，她还经常充当临时司机。合作伙伴投资的基建项目所在地大多位于中西部偏远地区，杨丽娜和我一起出差，经常星夜兼程、风尘仆仆，我对食宿条件的要求非常简单，即便项目所在地有条件，我们也住快捷酒店。很多时候是深夜抵达，第二天一早就去拜访项目业主。

2014年3月，我们到贵州毕节织金县出差，下飞机时已是晚上10时，合作方派车来接，不久就进了山。路上不仅没有路灯，而且山间还起了大雾，车虽然开得很慢，但仍需每行驶十几米就停下来擦拭挡风玻璃，否则什么都看不见。就这样走走停停又开了两个多小时，我们才最终到达了织金的住处。第二天考察完项目，返程再走这条山路时我们才发现，原来狭窄崎岖的山路一侧是山体，另一侧就是悬崖陡壁，头一天晚上的那种路况，稍不留神就可能坠入深渊。我问杨丽娜是否后怕，她笑着紧张地说："如果不是晚上看不清，我肯定会害怕的。”

2014年4月，在湖南岳阳汨罗市考察项目时，我们又是凌晨两点半才入住酒店，第二天早晨七点半又参加与当地领导的早餐会，考察过后又马不停蹄地赶往下一个目的地。目的只是对每一个项目负责，为投资者交给我们的每一分钱负责，不辜负每一份信任。我那时一个月中有一半时间都在外奔波，紧凑的行程也是家常便饭，杨丽娜对这样的节奏不仅毫无怨言，而且对工作总是充满了激情。她为而不争，用实际行动践行谦逊隐忍、卓越担当。

2014年12月8日，日后成为元亨祥集团执行总裁兼元亨泰富董事长的刘闪正式入职，担任元亨祥财富中心运营总监，负责营销团队的培训、管理和运营。在加入元亨祥之前，刘闪已在陆家嘴深耕11年，一直从事投资和运营工作。凭借自身扎实的管理经验和丰富的行业经验，入职元亨祥后，刘闪迅速成为公司不可或缺的中坚力量。

当时元亨祥财富中心仅有4名员工，其中市场岗、培训岗、运营岗、客服岗各一人，职能仅限于为销售渠道提供服务，策划一些简单的客户活动、与投资者之间传递资料、收发合同等基础性工作。刘闪凭借以前担任运营负责人的工作经验，几乎从零开始搭建元亨祥的中后台服务团队，增设客户服务部。但她面对的局面是元亨祥此前“产品供应商”的定位，只能通过渠道获取订单，客户信息均掌握在渠道手中，无法沉淀自有客户。作为运营总监，刘闪意识到只有将客户资源真正掌握在直营团队手里，才能让企业在动荡的市场环境中长久稳定地发展。在她的带领下，团队逐步着手建立元亨祥自己的营销体系。

2015年5月23日，太平洋建设全面终止与其他私募基金公司的合作，元亨祥真正成为其私募基金唯一发行方和募集方。

从2012年9月到2015年5月，元亨祥不仅围绕太平洋建设的业务特点，首创了以应收账款为抵押的基金业务模式，而且面对照搬照抄的模仿者，我们抬头看路、低头做事、做好自己的事，始终坚持“专业、专注、专心、专属”的经营理念，做到安全第一、服务第一。在不到三年的时间内，我们从行业内首创“白条变金条”模式的“第一”，成为太平洋建设在该模式上的“唯一”合作伙伴。

第三章

稳健经营：厚德筑信，因需而变

3.1 待遇聚才，文化塑才

元亨祥能在初期激烈竞争中立于不败之地，脱颖而出，成为“唯一”，与重视人才有着密不可分的关系。

元亨祥愿意为人才搭建平台，让他们尽情施展才能、发掘潜力、快速成长。**早在2013年，我们就明确了“平台纳才、待遇聚才、文化塑才、事业铸才”的人才理念，通过“待遇聚才”和“文化塑才”提升团队凝聚力、向心力。**

待遇是吸引人才的基础条件。2013年9月，我们把员工待遇的标准写进了元亨祥文化纲要：“为员工提供广阔的晋升空间和具有行业竞争力的薪酬福利，薪酬水平力求比同行业平均水平高20%~50%。”

在信用社工作时期我就十分重视“待遇聚才”。1992年春，我调职南昌市湾里区梅岭信用社，担任信贷员。区联社新出台一项激励政策：基层信用社可以提取本单位15%年度利润，作为分红奖励，以鼓励员工提升经营业绩。政策宣贯后，要求各信用社自行制定分配细则，因为大家“提分红，脸就红。不分红，眼又红”，谁都不好意思提及分红，但又想要，欲言又止。

我反而认为既然事关单位全体员工的切身利益，就应该主动作为，有文件就应该落实。我主动提示领导可以将年度经营目标任务分解到人。在同事的鼓动下，我根据分红政策和任务分配拟订了《年度分红实施方案》，但方案始终处于讨论阶段，迟迟没有定稿。

直到1992年下半年，有领导到梅岭视察工作，问及分红工作的进展，此时我拿出方案请领导指导，他当场认可了方案，提出了表扬，并要求务必抓好落实。于是，1993年初大家根据方案获得了利润分红，工作积极性明显提高。

这次经历让我深知实行正向激励的重要性和必要性。相互成就、共同分享，就是想让每一位在元亨祥平台上创造价值的奋斗者，都能够分享公司成长的红利。我在2013年12月，派遣行政综合部负责人前往北京，参加股权激励机制专项培训。虽然当时的提法还是股权激励，但这成为日后元亨祥合伙制的开端。

元亨祥力求了解员工的真实需求，通过各种大家喜闻乐见的待遇聚才。员工最牵挂的人是老人和孩子，家庭成员能够健康快乐，员工幸福感就有了基本保障。元亨祥有很多员工独自在上海打拼，老人和孩子不在身边，一年也见不到几次面。因此，元亨祥先后为员工子女设立“成长基金”、为员工父母设立了“孝心基金”。“成长基金”是为员工未成年子女购买商业保险的基金，员工与公司每月各出一半费用，基金用于员工子女的教育、生活等方面。“孝心基金”则是给员工的父母“发工资”。元亨祥给入职满三年的员工按不同职级确定孝心基金的金额，员工与公司每月等额出资：给员工发放工资的同时，员工父母每月也能领取1000~3000元的“固定工资”，倡导传承中华民族的传统美德，践行孝道文化，传播正能量，获得了许多员工父母的赞许。

“安得广厦千万间”，在大城市打拼不易，每个人最大的心愿就是能有一套自己的房子：有了房子，就是最大的幸福；有了房子，才有了家的感觉。于是在2013年，公司就提出了建设元亨祥家园的想法，把解决员工住房问题写进了元亨祥文化纲要。让元亨祥人都能居住在同一个社区是我多年来的夙愿。但是上海这样的大城市，实现理想需要长足的努力，只有通过公司长期稳定发展才有可能达成。此工作虽然曾经一度搁置，但我始终把这件事当作员工福利的头等大事，长期关注、持续推动。推动过程中也有员工对此产生怀疑，有的认为没有必要，有的认为不可能实现，但我却从来没有动摇过。2022年，筹建元亨祥家园已经列为公司重要工作事项，纳入了年度绩效考核。

也许是因为信用社工作时期的经历，我对单位员工生活在同一个社区的场景既怀念又憧憬。大家在工作上通力合作，在生活上互相帮助，如同一个大家庭。那时单位分发的福利用品涵盖日常生活的方方面面，我在元亨祥发扬了这一传统，我们常年为员工分发别具特色的节日礼品和生活用品：元宵节的汤圆、端午节的粽子、中秋节的月饼、时令水果、床上用品、养生茶饮，等等。

元亨祥把“待遇聚才”作为留住人才的重要举措，以“文化塑才”凝心聚力，提升员工对公司的认同感。曾国藩曾说，“人材以陶冶而成”[1]，元亨祥的企业文化就是通过在日常工作中的点点滴滴逐渐渗透，如春风化雨、润物无声，通过工作细节和工作标准培养人，因此我们一直把流程和制度建设作为企业文化的重要组成部分，通过严抓流程和制度执行，强化文化塑才的实际作用。

我从公司创立之初就从外部引进成熟的投资管理制度，结合元亨祥企业文化的特点加以优化。2013年8月，我们开始了对公司各部门操作流程化的梳理：不仅要求业务部门梳理基金产品募、投、管、退各环节的标准操作流程，并严格按照流程执行，而且要求职能部门也要这样做。行政综合部梳理了接待管理、机票订购、会务组织、出差管理等十余项工作内容的操作流程，并使之制度化。仅会务组织一项中，无论会议材料的准备还是会议纪要的记录，每项工作在流程梳理后，都达到岗位分工明确、步骤清晰有序、责任落实分明的效果。从每一杯茶水的温度到每一次的拉线摆位、从每一位客人的食宿出行到每一份物料的打包存储、从每一个环节的精准衔接到每一个突发状况的妥善处理，行政综合部都有严格的执行流程和标准规范，以确保工作精益求精、尽善尽美。

---

[1] 引自清·曾国藩《治兵语录》：“人材以陶冶而成，不可眼孔太高，动谓无人可用。”

标准、规范是元亨祥企业文化的基本要求，这不仅应该体现在工作流程上，还应该体现在员工外化的行为准则上。

当时的财富管理行业对从业人员的管理普遍比较松散，造成了人员流动快、对企业缺乏认同感的不良风气，加之经常出外勤的工作特点，员工不坐班、不打卡的情况比较普遍。但以我的工作习惯，不能接受这种情况在元亨祥发生。我通过考勤、日报制度等标准化的管理，严格规范员工行为，提升企业凝聚力。一些新加入元亨祥的员工不适应这种管理，他们认为“只要能把工作做好，不必严格考勤，这是行业内通行的做法”；日报制度是公司上下级之间提出具体工作要求、汇报当天工作情况的管理规定，元亨祥从2012年起就推行这项制度，但随着新员工的加入，总有人在执行时寻找各种理由打折扣。

对制度流程的执行效果如同一面镜子，反映出员工对企业文化的认同程度。**践行企业文化是元亨祥规范员工行为的基本要求，只要是基于文化价值的正向经营管理行为就要大力提倡，而与之相反的歪风邪气则要纠正改造，这样才能上下一心，更好地实现公司的整体发展**。为此，我们广开言路、集思广益，通过定期组织“新人心语”活动，召集入职三个月以内的员工面对面沟通，不允许给公司“唱赞歌”，必须直面问题，结合工作提出改进意见和建议，以达到周听不蔽的效果。

按照“品牌化管理”的要求，元亨祥从一开始就以百年老店的标准要求自己，管理员工、擦亮品牌、从小事做起。不求最大、但求最精，不求最快、但求最优。

2013年起，元亨祥就为每个正式入职的员工提供统一的司服。一方面是由于投资行业普遍着装规范，对外展示高端、专业的形象；另一方面，标准统一的司服也是员工践行公司文化的外在体现。为了满足员工们对美观时尚的要求，我们每两年对司服进行一次改版升级，注重提升司服的品质，让大家不仅知道“要穿”，还能真心“爱穿”。

员工的价值认同比个人能力更重要。每个元亨祥人都必须接受元亨祥的基本价值立场和核心价值理念，从言行上认同元亨祥，获得组织人格，然后才是每个员工的个性、兴趣等。我们就是要通过价值认同锤炼出一支有共同文化的“元亨铁军”，使元亨祥成为“事业共同体”，而不仅仅是“利益共同体”。

走进元亨祥总部，元亨祥人总是以饱满的精神状态和规范的言行举止给人留下良好的印象。他们穿着量身定制的藏青色司服，胸前佩戴着熠熠生辉的金色司徽，司徽上“轻仰首、低含尾”的貔貅形象[1]充满动感、栩栩如生，象征元亨祥人为人谦逊隐忍、做事卓越担当的精神面貌。穿司服、戴司徽已经成为元亨祥的一道亮丽的文化风景线。

初创时期的元亨祥就像一条小溪，在曲曲折折中奔流不息。虽然在文化塑才的过程中，不断有人掉队，现在想起他们，还时常感到惋惜。但是我们无暇回首，向着更远、更广阔的未来，一往无前。

---

[1] 元亨祥集团企业标识貔貅头顶苍天、脚踩大地，轻仰首、低含尾，合于乾坤，体现了“天行健，君子以自强不息；地势坤，君子以厚德载物”的文化精神，这也是元亨祥精神的源头，从而孕育出元亨祥人为人谦逊隐忍，做事卓越担当的文化内核。

3.2 研发新产品，开创新路径

从2013年起，随着多项监管措施出台，私募基金成为资本市场的一支正规军。元亨祥顺势而为，立足新型城镇化建设，“和政策之规，和客户之需”，拥抱监管，立足市场，依法创新。我们以管理提升与风险控制为抓手，以创新为动力，秉承“发掘需求、整合资源、服务创新、各方更赢”的市场理念，研发新产品、开创新路径——2013年推出私募债、2014年4月推出市政债、8月推出契约型私募基金等产品，初步形成多元化产品结构，满足了投资者多维度的财富管理需求，同时提升了公司的市场竞争力。

2013年上半年，元亨祥开始尝试与政府城投平台[1]合作发行私募债。张岚根据中西部地区财政收入普遍偏低的情况，开拓创新，希望通过私募债缓解地方政府融资难的问题。

通过瓮安项目，元亨祥实现了私募债业务从0到1的突破。我们了解到太平洋建设正在贵州瓮安县进行市政基础设施项目建设，当地政府需要融资，张岚敏锐地捕捉到其中的市场需求：我们可以为当地政府融资，政府资金充裕，则可以投资更多的工程建设项目，太平洋建设也就有了更多的潜在项目。虽然私募债并不是直接为太平洋建设融资，但是可以间接地为太平洋建设拓展出新的市场空间。

瓮安县地处黔中腹地，隶属贵州省黔南布依族苗族自治州，是革命老区，红军长征时曾四过瓮安。在项目推进过程中，张岚多次往返瓮安考察。瓮安私募债想要成功发行，需要先完成投资尽职调查中的基础工作。元亨祥聘请会计师事务所驻场进行财务尽调，律师事务所进行法律尽调……

但很快，我发现募集合作方的工作风格与元亨祥企业文化存在严重分歧，我多次叫停这个项目。

[1] 城投平台，一般指城投公司，是城市建设投资公司的简称，是全国各大城市政府投资融资平台，起源于1991年，承担相应的政府职能，是特殊市场经营体。此类城投公司属于事业单位或者国有独资公司性质，他们是通过政府补贴的方式实现盈利，属于带有政府性质的特殊市场经营体。

“宁可正而不足，不可邪而有余”[1]，走正道不仅是我从小受到的教育，也是我在信用社工作期间一直坚持的价值观。1993年，我举办婚礼，想法比较简单，只是请亲朋好友热闹热闹，婚宴上大家按照传统习俗随了份子。一年后，其中一位朋友来信用社申请贷款，因为不符合条件，我没有为他办理，他把我拉到一边，失落地看着我说：“程芳，我们是好朋友，你结婚时我可是喝了喜酒的……”也许他并无他意，却让我立刻感受到了压力。当天，我便借了1200元钱，按照结婚时的礼单，挨家挨户地把份子钱退了回去，连随了10元礼金的朋友也没落下。很多朋友对此难以理解，但在我看来，这是作为一个金融工作者的基本操守和底线。我对自己如此要求，对元亨祥的员工要求自然也是一样。

张岚表示，坚持在不违背风控原则的前提下操作项目，我这才答应继续推进瓮安项目。最终，在各方的共同努力下，瓮安方面以当地变现性较强的商业用地作为抵押，最终成功发行瓮安私募债。张岚以这个项目为元亨祥获取了丰厚的回报。

元亨祥于2014年4月推出了市政债产品，以满足投资市场不同层级的需求。该产品为初级投资者量身打造，投资门槛仅10万元，投资期限最低仅3个月，相比100万元起投、最低一年期的传统产品，大大提升了投资灵活性。

---

[1] 引自《增广贤文》。《增广贤文》，又名《昔时贤文》《古今贤文》，是明代编写的童蒙书籍，以有韵的谚语和文献佳句选编而成，从礼仪道德、典章制度到风物典故、天文地理，几乎无所不含，语句通俗易懂。广泛涉及人生哲学、处世之道。它是雅俗共赏的“经”的普及本，不需讲解就能领会到经文的思想观念和人生智慧。

2014年4月，证监会正式确认契约型基金的合法合规地位[1]，元亨祥马不停蹄地开发新产品，于当年8月正式发行。这是根据监管导向、市场需要和合作伙伴利益三重维度，综合判断之后做出的决策，也是元亨祥一贯遵循的产品开发原则——始终致力于以专业的技能、在专注的领域、以专心的态度、领先于同行的速度，为客户打造专属的产品。

与此前有限合伙型私募基金比较，契约型私募基金有三大优点：首先，突破了投资者总数不得超过50人的限制，增至不超过200人，投资者人数的增加更有利于募集；第二，它是依据基金投资者、基金管理人、基金托管人之间所签署的契约而设立的，不需要办理工商注册，效率更高；第三，公信力更强，有类信托的特点，更容易为投资者所接受。

这一年，元亨祥规模得到快速增长，公司品牌赢得更广泛的认可。经中国电子商务协会评选，荣膺企业信用评价“AAA级”信用企业；10月，元亨祥荣膺“2014年度中国最佳私募投资机构”。

---

[1] 2014年8月21日，中国证监会公布并实施《私募投资基金监督管理暂行办法》，明确了契约型基金的合法地位。

3.3 阳谋“财富缘”，直达客户心

在创立之初，元亨祥没有组建直营销售团队，而是选择与外部销售渠道合作。我的想法是只专心做好最擅长的业务环节——产品创新和风险把控，定位“产品供应商”，把营销业务放手地交给外部渠道。元亨祥销售模式由“渠道转直营”之前，我们与渠道团队之间的博弈始终存在。2015年前后，在摩擦中积累的矛盾愈演愈烈。

投资者资源掌握在渠道团队手中，渠道团队的话语权越来越大，胃口也越来越大，隔三岔五以各种莫名的理由到元亨祥找我谈判，其实就是想要获得更高的利润空间。元亨祥顾及募集的需要，因此总有受制于人之感。

从2013年5月起，元亨祥逐步降低对太平洋建设业务的融资成本。渠道团队担心自己的利润缩水，多次与我发生争执。

随着新产品的持续发行与如期兑付，元亨祥在投资者中树立起良好的信誉，逐步吸引了一批信赖我们的忠实投资者。由于渠道团队控制着这些投资者的联系方式等核心信息，导致元亨祥无法直接与投资者沟通，事事都要通过渠道商传达。我们无法及时接收投资者对元亨祥服务的反馈，无法沉淀自己的投资者客户，更无法开展更深层次的交流。

与渠道的矛盾变得公开化。那一时期的元亨祥老员工，多次目睹我与渠道团队据理力争。矛盾日益激化，销售渠道已经成为损害伙伴利益的隐患。我下定决心，为了对客户负责、对合作方负责，必须将产品销售模式逐渐由渠道转为直营。随着元亨祥产品规模的扩大、产品种类的增长、忠实客户的沉淀，组建直营团队已如箭在弦上，不得不发。

从刘闪入职的那天起，元亨祥就开始酝酿一个“阳谋”——建立财富缘VIP俱乐部。国内各大商业银行、信托公司与部分财富管理机构纷纷打造专属的财富俱乐部，定期举办财富管理论坛及主题沙龙，为客户提供增值服务，以此增加品牌黏度，提高品牌附加值。也经常有投资者通过渠道询问，元亨祥有没有类似的俱乐部、如何成为会员。

刘闪经过市场调研后提议尽快推出VIP俱乐部，进行服务创新。一方面可以更好地为投资者服务，另一方面可以通过登记会员的过程，沉淀一批高净值投资者的真实信息。俱乐部取名为“财富缘”，寓意投资者因财富结缘。“财富缘”不仅要实现会员与元亨祥结缘，也希望会员彼此在活动中相互了解、成为朋友、拓展人脉。

2015年7月18日，致力于打造国内投资理财服务俱乐部第一品牌的“财富缘”VIP俱乐部正式成立。俱乐部以投资规模100万元、500万元和1000万元为标准，分别发放金蟾黄金卡、麒麟白金卡、貔貅黑钻卡三种级别的会员资格卡。我们特别规定，由销售渠道代理投资者加入财富缘俱乐部的，需要由渠道方承担费用。

财富缘是元亨祥转型直营的第一步准备工作。俱乐部推出后，成为元亨祥与投资者直接交流的平台。财富缘俱乐部除了提供业内常见的健康体检、豪华观影、艺术品品鉴、中医康养、游艇酒会、高尔夫精英赛等私人定制服务，还会邀请会员参加元亨祥一年两度的专业论坛、国学讲堂，根据会员需求举办别具特色的文化活动。作为2015年财富缘VIP会员活动的收官之作，一场“旗袍秀之夜”至今还被元亨祥的资深投资者们津津乐道。

2015年12月25日，上海沉浸在浓浓的圣诞氛围之中，寒夜中人们行色匆匆，情侣们用手机查询着约会目的地，品评哪家的红酒更好喝，哪里的圣诞树更绚丽……现代科技和互联网技术让城市生活更高效，也因此缺了点儿传统的韵味。而在东方薇婷会所内，洋溢着一派充满怀旧特色的老上海风情。在这里，财富缘“旗袍秀之夜”正在拉开帷幕。从场景搭建到群众演员派位，元亨祥完全按电影拍摄标准，为尊贵的财富缘VIP会员们还原了老上海的圣诞夜。舞台上演奏的是爵士乐队，场景里穿梭的是报童和贩卖香烟的小姑娘。随后主角登场，身着典雅旗袍的女性投资者和专业模特同台走秀，婀娜身姿和东方神韵都浓缩于一件件精美的旗袍中。

随着财富缘“旗袍秀之夜”等一系列会员活动的成功举行，通过各种渠道的宣传报道，越来越多的投资者逐渐了解元亨祥品牌，也倒逼销售渠道对投资者“松绑”，为下一步“渠道转直营”奠定了基础。

此时，刘闪建立直营团队的难度仍然很大，其中外部大环境竞争激烈P2P[1]的“疯潮”如火如荼，平台“烧钱”行为造成聘用销售人员的成本虚高。

当时大部分销售人员人心浮躁，有的人甚至同时在几家P2P公司挂职，一个人拿着几份工资，收入水平与真实的工作业绩完全不成正比。在这样的行业状况之下，我们很难招聘到符合条件的销售人员，因此建立直营团队的时机尚不成熟。

财富缘是元亨祥发展初期创建的第一个投资者服务平台，因人而异、因地制宜，为投资者提供和合共赢的专属产品、专属服务。财富缘的“阳谋”已经取得了初步成果，在客户服务方面发挥了重要的作用，为后来元亨祥成立“家族办公室”提供了条件。

[1] P2P（peer to peer），狭义上指网络小额借贷，广义上业务模式包括网络小额借贷、网络投资理财、网络金融信息撮合等多种模式。2007 年起 P2P 传入我国，2014 年前后进入高峰期，2018 年 P2P 企业集中跑路爆雷，在监管部门出手集中整治后，2020 年 11 月中旬，全国实际运营的 P2P 网贷机构完全归零。

3.4　进驻沪甬杭，落子长三角

自2014年起，元亨祥就开始探索建立直营团队，但始终保持着“效益型扩张”的冷静。**效益型扩张是元亨祥的发展理念**[1]**之一，我们既关注成长的规模与速度，更追求发展的质量与效益**。元亨祥反对以扩张为路径、以规模为目标，片面追求规模效益；强调以效益为目标、以市场为导向，追求效益规模，在机会面前不盲目跟风、不迷失方向。

在筹建直营销售团队的招聘过程中，有一名候选人与我们谈得最为深入，他声称可以在一年之内为元亨祥建立100人的营销团队，费用大约3000万

[1] 元亨祥当时的发展理念包括：目标性经营、品牌化管理、效益型扩张和稳健型成长。

元。我一开始很感兴趣，但当问到一年内该团队能够为元亨祥募集多少资金时，对方却支支吾吾，在我的再三追问下才翻开底牌：他只能承诺团队规模，并不承诺销售业绩。听到这里，我断然拒绝了他的入职要求。既然不能承诺业绩，100人、200人的团队规模对我们又有什么意义呢？如果我们付出了3000万元的成本，团队却连3000万元的销售业绩都达不到，岂不是人数越多越影响我们的经营效益？虽然我们迫切希望建立自有销售团队，但也必须在保证效益的前提下有序、理性扩张。这让我对“效益型扩张”的理念更为坚持。

元亨祥在P2P的“诱惑”面前没有迷失自我。2014年，庞氏骗局的当代阴影正在悄悄逼近中国投资圈，当很多人还在为P2P的兴起欢呼雀跃，将其解读为互联网与金融创新的完美联姻时，元亨祥却敏锐地洞察到了其中的隐忧。

2014年在接受央视采访时，我就提出了P2P行业“三个不健康”的基本观点：第一，P2P行业从业人员不健康。由于行业的快速发展，从业人员规模随之迅速扩大，鱼龙混杂，有的人从未接受过正规的金融教育，缺乏基本的风险识别能力和防范意识。第二，P2P行业目标客群不健康。P2P行业大部分客户现金流不充裕，还款能力弱，有的校园贷甚至鼓励没有稳定收入来源的在校学生超前消费，直接导致大量坏账和社会问题。第三，P2P行业商业模式不健康。一些P2P平台仅以风险投资作为收入来源，大肆“烧钱”，根本没有金融操守，“用融资付工资”，虚假繁荣不可持续。

2014年的P2P来势汹汹，风头正劲。仅从2014年1月到12月，

P2P网贷平台从651个暴增至2278个，成交量从117.68亿元增至370.77亿元，投资人数从17万人增长至90万人，借款人数从3.8万人增至18.5万人。到2016年底，P2P发展达到顶峰，当年行业成交量超过2400亿元，为2014年底的6.5倍；投资借贷总人数超600万人，是2014年的6倍。而到2018年P2P集中爆雷时，累计停业及问题平台达5538个，待还余额超过7800亿元[1]。

我一直认为，P2P就是一个美丽的谎言，也是一个伪命题。很多P2P平台通过各种渠道开展铺天盖地的宣传，对外宣称投资回报率高达20%，而坏账损失率却在1%~2%。这是一个稍有金融常识的人就能一眼识破的谎言。我在农村信用社工作期间，上级主管部门对于贷款风险管理就有明确规定：损失贷款比例不得超过2%，次级贷款比例不得超过5%，可疑贷款比例不得超过8%，这通常称为贷款风险管理的“258原则”。按照中国人民银行当时印发的《贷款损失准备计提指引》[2]，对于不同风险级别的贷款有不同的坏账准备金提取规定：对占比2%的损失类贷款，准备金提取比率为100%；对占比5%的次级类贷款，提取比率为50%；对占比8%的可疑类贷款，提取比率为25%。这样算下来，6.5%是贷款损失

[1] 数据来源 CEIC（香港环亚经济数据有限公司）。

[2] 2002 年 4 月 2 日，《中国人民银行关于印发 < 银行贷款损失准备计提指引 > 的通知》。要求各银行应按季计提一般准备，一般准备年末余额应不低于年末贷款余额的 1%。银行提取的一般准备，在计算银行的资本充足率时，按《巴塞尔协议》的有关原则，纳入银行附属资本。《巴塞尔协议》是巴塞尔委员会制定的在全球范围内主要的银行资本和风险监管标准。

计提的基准。而P2P平台对客户还款能力既没有分级，又没有建立坏账准备金制度，毫无风险控制能力，爆雷只是时间早晚的问题。

天上不会掉馅饼，地上处处是陷阱。纵观古今中外的金融投资发展史，实际上都是在业务创新和风险防范之间不断平衡、螺旋式上升的历史。规范安全的创新是“馅饼”，没有风险防范的创新统统都是“陷阱”。

面对波诡云谲的资本市场，元亨祥人谨记：只有挡得住诱惑，耐得住寂寞，守得住孤独，才成得了事业。一路走来，我们经历过太多诱惑，虽然行业危机四伏，但元亨祥人始终坚持“风风雨雨是常态，风雨无阻是心态，风雨兼程是状态”的“人生三态”。元亨祥人永远在路上，不定义终点，做最好的自己，做最优秀的自己，从我做起，从现在做起，从一点一滴做起。

面对行业内的浮躁，我们自建团队的难度更大，只能暂时继续与销售渠道合作。宁波和杭州的渠道团队，正是在这样的大背景下建立的。

2015年，随着业务的发展，元亨祥开始在上海之外拓展市场，“立足上海、布局长三角、放眼全国”的市场战略逐步推进，宁波、杭州、海门等营销分公司相继成立。元亨祥的一名渠道人员在宁波组建了分公司，在她的介绍下，又有另一名渠道人员组建了杭州分公司，但仍然执行独立核算、自主经营的渠道合作模式。

作为浙江省内两大副省级城市，宁波与杭州在中国区域经济中扮演着越来越重要的角色。两大城市人均GDP都高于浙江省平均水平，高净值投资者的财富管理需求持续升温。根据宁波银行公布的数据，2014年以来该行个人理财销售额与财富管理收入持续大幅提升[1]。而杭州新经济发展迅速，互联网、智能制造、新金融等新兴产业纷纷落地，杭州的财富管理市场更是空前火热。

2015年7月24日，我来到西子湖畔，参加杭州分公司的开业仪式。这座城市此时正在积极筹办2016年秋季即将召开的G20杭州峰会，大街小巷随处可见“让我们一起为G20喝彩”的标语，传统文化语境中的“天堂”正在走向现代化、国际化。杭州分公司位于被称为“杭州陆家嘴”的江干财富金融中心，开业仪式低调典雅。范忆敏女士受邀参加，分公司负责人向我介绍，她是元亨祥基金产品的投资者。基于对元亨祥的了解和信任，后来她很快转变身份，加入了杭州销售团队，入职后业绩表现突出，始终在团队中名列前茅。在2015年底举行的总部年会上，她获得了一个分量很重的奖项——年度巅峰大奖，我上台为她颁奖以鼓励她的快速成长。

范忆敏的成长经历很有代表性，堪称那段时期元亨祥发展客户关系的一个缩影：越来越多的人开始了解元亨祥、走近元亨祥，被元亨祥的稳健和定力感召。在那个P2P风起云涌的时期，元亨祥是财富管理行业的一个“另类”，我们不赶时髦，坚持做好自己。**复杂的事情简单做——专家，简单的事情重复做——行家，重复的事情坚持做——赢家，这就是元亨祥人的专业精神**。

通过渠道团队，元亨祥的募资规模迅速扩大，但我就像爬上了

[1] 根据宁波银行历年财报，2014 年，宁波银行累积实现个人理财产品销售额 2269.43 亿元，同比增长 58.68%。2015 年，宁波银行财富管理收入 5.52 亿元，同比增长 61.04%。2016 年，宁波银行财富管理收入 8.1 亿元，同比增长 47%。

一架由他们架起来的梯子，一旦梯子被撤掉，爬得越高反而摔得越惨。我深知，必须牢牢掌握主动权，与其担心梯子被抽掉，不如自己搭梯子。

渠道团队和元亨祥的矛盾逐渐公开化：在一次论坛上，元亨祥设置的二维码曾被渠道团队要求撤下，生怕他们的客户直接与元亨祥取得联系。在一些公开场合，个别渠道销售人员无礼地截下投资者递给我们的名片。由于我们不断降低融资成本，渠道团队每隔一段时间就找上门来“谈判”，他们甚至怀疑我和太平洋建设存在私下利益往来。

2015年底，元亨祥员工规模已发展到300人，基金管理规模也大幅提升，确保了投资者本金、预期收益的安全稳健和财富增值。

与此同时，基建投资领域一种新兴的模式正迎来政策的春天，元亨祥满怀热情地投入其中，却没有想到这是一段如此漫长而曲折的道路。

第四章

试水PPP：善战者，立于不败之地

4.1 进军响水，信心百倍

2014年，全新的基础设施建设模式PPP[1]（Public-Private Partnerships）迎来了政策春风。9月23日，财政部发布了《关于推广运用政府和社会资本合作模式有关问题的通知》，被称为“76号文”，明确了PPP模式的要求规范[2]。2015年被业

---

[1] 根据财金〔2014〕76 号文要求充分认识推广运用政府和社会资本合作模式（Public-Private Partnerships,PPP）的重要意义，积极稳妥做好项目示范工作，切实有效履行财政管理职能，加强组织和能力建设，尽快形成有利于促进 PPP 发展的制度体系。

[2] 76 号文允许社会资本通过特许经营等方式参与城市基础设施投资和运营，明确了 PPP 模式的合法地位、各方责任和要求规范。

界称为"中国PPP元年"[1]，国务院及相关部委密集出台支持政策。此后两年间，PPP迅速在全国遍地开花。

元亨祥对PPP模式并不陌生。此前我们投资的基础设施项目，主要是BT、BOT和BOOT模式。在我看来，PPP模式的推出有两方面原因：一方面，随着我国新型城镇化建设的推进，基础设施建设需求不断增长[2]。另一方面，地方政府债务逐步增加，迫切需要社会资本参与基础设施建设的投资与管理[3]。PPP模式既可减轻政府财政负担，也可让社会资本分享基础设施建设的投资红利。

2016年，财政部规定PPP项目的合理收益率为8%~10%。PPP项目规模较大，有些项目的投资规模高达几十亿元、上百亿元甚至几百亿元。规模与收益兼顾，风险相对可控，金融机构与投资公司蜂拥而至，一夜之间，PPP项目投资备受青睐。元亨祥顺势而为，积极投身于PPP项目的研究和实践，分别于2016年2月28日和8月

---

[1] 在中国，PPP 的雏形实际上在 20 世纪 80 年代已经出现，其标志性事件便是"深圳沙角 B 电厂工程"的建造与运营。沙角 B 电厂位于珠江出海口，这一项目是中国首个以"兴建—管理—移交"（BOT）方式建造的火力发电厂，由深圳经济特区电力开发公司（深圳市能源集团有限公司前身）与香港合和电力（中国）有限公司于 1985 年合作兴建，1988 年 4 月正式投入商业运行。1999 年 8 月，香港合和电力（中国）有限公司在运营十年后，将电厂正式移交与深圳市广深沙角 B 电力有限公司，股东为深圳市能源集团有限公司和广东省电力集团公司，分别持股 64.77% 和 35.23%。

[2] 1978 年我国的城镇化率只有 17.9%，2014 年城镇人口占总人口比重达到 54.77%，新城镇需要建设更多满足人民群众需求的基础设施。

[3] 截至 2013 年 6 月底，地方政府性债务总额为 17.89 万亿元，相比 2010 年底增长了 66.9%。地方政府负有偿还责任的为 10.89 万亿元，占比 61%。

27日举办两场高峰论坛，主题分别为"'十三五'时期的PPP机遇与挑战"和"新型城镇化与PPP发展新机遇"，通过权威专家的专业解读，大家对PPP模式的认知逐步清晰。2016年11月，由于元亨祥在PPP研究和实践方面取得的成绩，我有幸作为金融组专家，入选国家发改委PPP专家库，与来自政府部门、高等院校、金融机构、咨询公司以及社会资本方等领域专业人士一起，成为首批343名入库专家之一。入选专家库之后，我在PPP方面的研究继续深入，带领智库团队主编了《中国PPP蓝皮书——深度分析发展报告（2016）》一书，该书对PPP模式的理论、政策进行了归纳总结，对经典案例和实践进行了深入分析，涵盖面广、内容翔实，填补了PPP蓝皮书的空白。

PPP模式为元亨祥提供了巨大的业务拓展空间。PPP项目按年支付收益，我曾畅想，如果元亨祥能够投成500亿元PPP项目，运营期按10年计算，则每年可获取约25亿元的投资收益，公司经营收入就有了保障，相当于公司未来10年实现了财务自由，为稳健型成长奠定了坚实基础，公司可以放开手脚、从容自若地推进战略升级。

为此，元亨祥专门成立了PPP事业群，在业内广泛招揽人才，很快组建了12个人的专业团队，岗位齐备、分工明确，在行业内迅速形成品牌影响力。通过团队的积极拓展，元亨祥每周都有PPP项目提交评审，经常受邀参加PPP投资沙龙、论坛和行业交流。2017年5月，我们受邀参加了徽商银行PPP朋友圈第一次正式会议，并签署全面战略合作协议。

2016年，我在江西南昌参加行业交流活动时，某知名企业第一公司江西公司的负责人找到我，恳求元亨祥投资响水县PPP项目。在我们介入响水项目前，项目方与该知名企业旗下的第一公司、第八公司（以下分别简称“一公司”“八公司”）已达成合作意向、共谋发展，以PPP模式开展合作，共同投资建设城东新区项目。根据政府规划，城东新区总用地面积约5.5平方公里，范围东至宣圩河，北至珠江路，南至迎宾大道，西至响坎河。项目建设内容包括市民服务中心、体育馆、文化馆、公共管廊、医院、公园、道路等[1]。

元亨祥PPP项目的首战由此拉开序幕。

响水县隶属于江苏省盐城市，人口约46万，地处连云港、淮安、盐城三市交界处，东濒黄海、西临灌河。灌河潮水涨落时水声轰响，因此得名“响水”。响水县是传统的农业县，2016年进入新型城镇化全面展开的攻坚突破期，大力建设公路、学校、医疗网络，扩大现代农业示范园区规模[2]……大量的投资与建设需要社会资本与专业建筑企业的参与，这为元亨祥进入响水投资PPP项目提供了契机。

元亨祥和一公司、八公司面对面进行多轮洽谈，过程并不顺利，原因有三点：首先，因为PPP是新模式，各方都有自己的见解；其次，三方第一次合作，需要进一步增进了解；再次，该知名企业提

[1] 资料来源：财政部 CPPPC 项目库《响水县城东新区基础设施及功能性项目》公示文件。

[2] 摘自《2016 年响水县人民政府工作报告》。

出让我们缴纳保证金的要求，条件略显苛刻。在基础设施建设领域，建筑企业向地方政府提交项目保证金的现象比较常见，但资本方向合作伙伴交保证金的做法却极为少见。

合作方主动提出按建安规模的5%承担融资成本。响水项目建安规模约24亿元，按5%计算，分摊融资成本约1.2亿元。项目资本金10亿元，地方公司出资1亿元；元亨祥投资9亿元，其中6.3亿元可以向银行贷款，也就是说在最理想的情况下，元亨祥只需投资1.5亿元。银行贷款利率约5%，有约3%的利差。

草拟合作协议时，合作方又提出，5%可以口头承诺，到项目实施时再签订协议，合作方作为知名企业一定会兑现承诺。然而，签订融资合作协议事宜却在每次开会之后都不了了之。

PPP是元亨祥的主要投资策略并写进了元亨祥文化纲要。团队正在全面拓展PPP项目，我们当时的主要合作方是太平洋建设——世界500强排名第一的民营建筑企业。而该知名企业同样是一流企业，符合元亨祥对合作伙伴的选择。因此，我们想通过与该知名企业合作，打造元亨祥在PPP领域的经典案例，打响品牌，见证PPP的蓬勃发展，夯实公司未来10年可持续发展的基础。

为了展示实力，也为了展现诚意，我们最终同意了支付保证金的要求，和一公司、八公司达成了投资方案：由八公司作为牵头方，一公司和元亨祥作为成员，共同组建联合体投标响水项目。

2016年9月，元亨祥与一公司、八公司组建联合体成功中标江苏响水PPP项目，总投资33.51亿元，投资回报率8.2%。PPP合作期限3+10年（包含项目建设期和运营期），运营期间政府每年向项目公司支付可行性缺口补助。项目资本金占总投资额的30%，其中：政府出资方占股10%，社会资本方占股90%[1]。

2016年10月，国家发改委印发了《传统基础设施领域实施政府和社会资本合作项目工作导则》（发改投资〔2016〕2231号），规范并细化了传统基础设施领域PPP项目的操作流程[2]。我们更加信心满满，准备大干一场，响水项目是元亨祥在PPP领域的首场实战，我期待以PPP为支点，撬动元亨祥的模式创新，却忘记了“祸兮，福之所倚；福兮，祸之所伏”的古训。

---

〔1〕资料来源：财政部 CPPPC 项目库《响水县城东新区基础设施及功能性项目》公示文件。

〔2〕《导则》提出，PPP 项目实施机构应按相关规定做好公示期间异议的解释、澄清和回复等工作。公示期满无异议的，由项目实施机构会同当地投资主管部门将 PPP 项目合同报送当地政府审核。政府审核同意后，由项目实施机构与中选社会资本方正式签署 PPP 项目合同。需要设立项目公司的，待项目公司正式设立后，由实施机构与项目公司正式签署 PPP 项目合同，或签署关于承继 PPP 项目合同的补充合同。社会资本方可依法设立项目公司。政府指定了出资人代表的，项目公司由政府出资人代表与社会资本方共同成立。项目公司负责按 PPP 项目合同承担设计、融资、建设、运营等责任，自主经营，自负盈亏。除 PPP 项目合同另有约定外，项目公司的股权及经营权未经政府同意不得变更。

4.2 艰难推进，祸福相依

正当我们踌躇满志进军响水之际，却出师不利。一公司和八公司迟迟没有动作，成立项目公司、签署承继协议[1]事宜一推再推，过程反反复复、一度陷入胶着状态。

PPP项目中，经常会出现社会资本方以联合体的形式参与项目投标、建设及运营，以充分利用不同社会资本方的优势。联合体中标后，需要设立项目公

---

[1] 承继协议：又称特许经营权协议。承继协议是对合同变更达成的协议。根据《民法典》规定，合同的权利义务终止后，当事人应当遵循诚实信用原则，根据交易习惯履行通知、协助、保密等义务。合同义务不是根据合同双方当事人约定的义务，而是基于诚实信用原则和交易习惯而产生的义务。因此，后合同义务是一种法定义务，一种强行性义务。

司，由项目公司和政府方签署PPP项目合同，通过项目公司来实施PPP项目。承继协议签订后，则由项目公司承继中标社会资本方在PPP项目合同项下所有的权利和义务。

一公司和八公司以“独立核算”为由，将项目分两个标段，提出分别成立两个项目公司。道路工程和市民服务中心由一公司负责，总额度13.77亿元；道路工程、绿化工程、公共管廊、全民健身中心、市民文化艺术中心和其他工程由八公司负责，总额度19.57亿元。

在此期间，一公司对于合作并不积极，这不符合PPP模式“利益共享、风险共担、全程合作”的原则。我多次电话联系、催促成立项目公司，一公司却表示，政府对元亨祥不了解，要求对我们的资质进一步审核。后来，他们又表示希望元亨祥退出项目，说已经沟通好，项目随时可以转为EPC模式[1]，届时元亨祥必须要退。

2017年3月8日，一公司、八公司专程来到元亨祥总部，提出“降成本”的要求——把项目贷款回报率从8.2%下调至6.9%，理由是市场利率一直在降。

我回复：“如果市场利率提高了，你们会不会主动要求增加成本？”

谈到最后，对方表示，此行一来是想与元亨祥交朋友，二来觉得也需要我们帮助融资，所以希望把成本降一点，各方好继续推进

[1] EPC是Engineering（工程）、Procurement（采购）、Construction（建设）英文首字母的缩写，是国际通用的工程总承包产业的总称。是指在项目决策阶段以后，经招标，委托一家工程公司对设计—采购—建造进行总承包。

工作。

对于项目中的种种波折，我对团队说："我们只有严格要求自己，以自身的绝对诚信赢得合作方的相对诚信！"

我希望这个项目能够做成，带领团队在PPP领域蹚出一条路来，而且降成本后还有些微利润空间。最终，我们做出重大让步：将项目贷款回报率由8.2%下调至年化6.9%。投资运营期间，项目贷款利率参照央行长期贷款基准利率调整，如果央行未来的基准利率提高，元亨祥也可以随之提高成本，各方当场在会议纪要上签字确认。我心中暗想：注资时，一定要求他们完成正式的降成本流程。

降成本之前，成立项目公司事宜一再推迟。降成本之后，成立项目公司事宜逐步推进。

到了该注资的时候，我坚决表示，不签融资合作协议就不注资。2017年4月25日，元亨祥与一公司的融资合作协议终于得以签订。5月16日，元亨祥、一公司与响水某地方公司（以下简称"地方公司"）共同组建了响水华辰元亨置业有限公司（下称"SPV1[1]项目公司"），承担道路工程和市民服务中心的建设，总投资

---

[1] SPV 公司，Special Purpose Vehicle，简称 SPV。SPV 指特殊目的的载体也称为特殊目的机构 / 公司。SPV 的业务范围被严格地限定，所以它是一般不会破产的高信用等级实体。SPV 有特殊目的公司（Special Purpose Company，SPC）和特殊目的信托（Special Purpose Trust，SPT）两种主要表现形式。一般来说，SPV 没有注册资本的要求，一般也没有固定的员工或者办公场所，SPV 的所有职能都预先安排外派给其他专业机构。

为13.77亿元，地方公司占比10%，一公司占比1%，元亨祥占比89%。

项目公司终于成立，眼看项目可以推进，没想到2017年5月，又传来地方公司更换董事长的消息。项目中途换领导是我们最担心的情况之一，我们只有耐心等待。7月4日，地方公司通知一公司与元亨祥前去开会。新任董事长问：元亨祥何时向项目注入资金？既然已经注册了项目公司，元亨祥的资本金要到位。我表示，承继协议还没签，我们已经准备好资金，但没有承继协议我们无法出资。

面对困局，有人试探着提议，要不要送点礼物？被我毫不犹豫地否决了。“根深不怕风摇动，树正何愁月影斜。”[1] 我们堂堂正正，决不逢迎送礼。**元亨祥一贯坚持“走正道”的原则：“靠市场不靠市长，靠法律不靠权力。”**

[1] 根深不怕风摇动，树正何愁月影斜：引自《增广贤文》。

4.3 风险来临，沉着应对

虽说“退一步海阔天空”，但在响水项目中，元亨祥一再退让并没有换来期待中各方携手共进的和谐局面。

2017年5月27日，财预〔2017〕87号文件出台，着力规范政府购买服务管理，制止地方政府违法违规举债融资行为。而在文件出台之初，地方政府与金融机构还没有完全领会政策风向的转变。2017年夏天，一公司联系的江苏银行等六家金融机构对响水项目给出了正向反馈。8月4日，在八公司会议室，地方公司、一公司、八公司以及元亨祥召开了响水项目融资会议。合作方以江苏银行等六家金融机构能为本项目提供融资服务为由，要求元亨祥同意把一部分股权转到第三方金融机构，但是转让后，元亨祥还是要承担与实际持股比例对应的贷款筹借责任。

团队征求我的意见，我明确了底线——转让之后，元亨祥所占股权不得低于35%，既要有话语权，也要有一票否决权。

各方博弈之后，最终形成了一份会议纪要——《响水城东新区PPP项目备忘录》（后文简称《备忘录》）。《备忘录》规定，项目贷款的金融机构按照融资成本“谁低谁优先”的原则选择，报价利率与执行利率之间的差额，由执行利率金融机构的提供方享有。合作方想当然地以为，他们能够找到成本更低的资金渠道，获得优先权，参与项目融资，从而获得一大笔额外的利差收入。《备忘录》还规定，项目融资合作方优先考虑江苏银行、建设银行、交通银行、农业银行、浦发银行和江苏国际信托公司六家机构，而这几个机构都是由一公司一直在联系。

作为专业投资机构，我们比合作方更为了解市场。在融资过程中，动辄数亿元的资金并不容易落实。而合作方把融资事宜想得过于简单，其实想要从利差中获利难度很大。

2017年8月28日，元亨祥与一公司、八公司又齐聚上海，召开了项目融资推进会。他们要求元亨祥尽快完成首期资本金的出资，并且答应如果我们的投融资方案无法落地，针对元亨祥之前已完成的出资，他们愿意以年化15%的收益率让我们溢价退出。

我表示可以出资，但是出资之前，必须妥善解决项目先前存在的风险问题。

首先是承继协议的签订。2017年9月，SPV1项目公司的承继协议终于签署。可地方公司却在协议后面用铅笔写上了一句："贷款落实后，合同方才生效。"我们不想节外生枝，只能置之不理。

其次是SPV1项目公司的章证问题。SPV1项目公司所有的章证此前是由地方公司独自保管的，2017年12月，各方协商后一致同意，SPV1项目公司章证改由地方公司以及元亨祥共同保管。在共管前，根据元亨祥一贯的风控规范，我们要求地方公司提供之前已盖章的合同扫描件以及清单。地方公司多次补充并提交完整的已用印文件清单，元亨祥审核完毕，于2017年12月27日注入了首期资本金。

到了2018年1月，各合作方和元亨祥在八公司办公地开会。他们表示元亨祥是大股东，到付工程款的时候，就让施工单位都到元亨祥要钱。整个项目中，地方公司几乎一直和该知名企业立场一致。

我听后，有理有据地进行了反驳，他们听了都无言以对。

争执之后，成立SPV2项目公司的工作继续推进。2018年1月22日，元亨祥与八公司总承包公司签订融资合作协议。1月31日，元亨祥、八公司与地方公司共同组建了项目公司响水新城元亨建设发展有限公司（下称"SPV2项目公司"），承担道路工程、绿化工程、公共管廊、全民健身中心、市民文化艺术中心及其他工程建设，总投资为19.57亿元，八公司占比2%，地方公司占比10%，元亨祥占比88%。

2018年2月，一公司终于在联络金融机构的大半年中认清：他们融不到资了。就又找到元亨祥再次启动融资，并主动表示把融资成本由6.9%恢复到8.2%，他们不再插手贷款事宜。后来我才知道，一公司联系的江苏银行等六家银行表示无法提供项目贷款，而元亨祥在徽商银行的贷款审批工作还在有序推进。2018年大年初七，春节后第一天上班，我专程前往南京，向徽商银行介绍响水项目的情况。银行在一周之内就安排了工作人员到响水考察项目，并表示大力支持。

2018年3月，对地方举债更为严厉的财金23号文[1]出台，银行贷款标准进一步提高，合作方只能继续依赖元亨祥，地方公司又把大家召集在一起，表示要积极配合元亨祥推进贷款审批：银行之前来项目考察过了，贷款没有问题。

推进贷款审批的同时，合作方要求元亨祥继续注资，可元亨祥的资金是通过设立投资基金向社会募集的，根据私募基金监管政策，元亨祥设立的基金须作为股东直接入股项目公司进行投资。地方公司不同意元亨祥进行股权转让，也使得元亨祥先前所备资金无法注入项目公司。在各方两次前往江苏省财政厅进行咨询并得到明确回复，确认操作合规后，地方公司最终于2018年4月出具同意函，认可元亨祥进行SPV1项目公司股权转让。转让完成后，元亨祥

[1] 2018 年 3 月国家财政部印发的《关于规范金融企业对地方政府和国有企业投融资行为有关问题的通知》，要求国有金融企业向参与地方建设的国有企业（含地方政府融资平台公司）或 PPP 项目提供融资，应按照“穿透原则”加强资本金审查，确保融资主体的资本金来源合法合规，融资项目满足规定的资本金比例要求。若发现存在以“名股实债”、股东借款、借贷资金等债务性资金和以公益性资产、储备土地等方式违规出资或出资不实的问题，国有金融企业不得向其提供融资。

随即又注入第二笔资本金。

2018年7月25日，SPV2项目公司的承继协议终于完成了签订。因协议内容调整，最终版的SPV1项目公司承继协议于2018年8月才又重新签订。随后，元亨祥于2018年9月11日向SPV2项目公司完成首期出资。

签订协议后，其他流程依然推进缓慢。

由于项目前期手续不完善，银行要求补充提供资料。元亨祥原本已经做好了融资的准备工作，并预估2018年3月就可以向银行提供所有项目贷款资料。根据规定，所有PPP项目的相关报批文件都需要上传到国家PPP项目库里才算合规。一个PPP项目需要上传3份报告：一是PPP的实施方案，二是物有所值报告，三是财政承受能力报告。这三份报告在2016年申请项目立项时装订在一起，到2018年要上传资料时就要分成三份，封面上要分别盖章。相关经办人表示，公章不能乱盖。其间，相关负责人两度前往江苏省财政厅的PPP主管部门，专门找到主管领导咨询承继协议是否要签、合同公章是否要盖。得到肯定回答后，2018年10月，终于把章盖好，整个过程持续半年之久，错过了贷款的窗口期。其他的合规性文件如项目可研及批复、环评、用地许可证等，经过多次补充也逐步提供完备。项目相关资料文件很快在财政部CPPPC项目库里完成了公示，但项目公司贷款审批文件的准备工作也拖延了两年多的时间。

从2017年上半年开始，国家推出了更严格的监管政策，规范政府融资行为的财预〔2017〕50号文[1]、财预〔2017〕87号文[2]，规范PPP管理的财办金〔2017〕92号文[3]相继出台，徽商银行对于响水项目的态度发生了变化。为了获得贷款，从2018年10月到2019年3月，元亨祥多次到南京拜访徽商银行进行沟通，不断地配合补充资料。

贷款尚未落地，到了支付施工款的时候。2019年春节前，一公司派人来上海找元亨祥要钱，希望我们支付工程款。我们表示工程款事宜应该找项目公司，而不是元亨祥。

争执之下，一公司的人终于道出真实想法：他们觉得元亨祥从项目中赚钱了。我表示，如果你们觉得响水项目的钱不该赚，咱们就一起把成本列出来，开一场新闻发布会，把各自的利润都捐给响水县人民政府，助力乡村振兴、脱贫攻坚，这样总可以吧？

对方听到这话沉默了。

风波就这样平息，贷款却仍旧悬而未决。我记得很清楚，直到2019年3月21日14时，项目方才将所有资料提供完毕。但谁也不曾预料，就在当天14时48分许，提供完资料不到一个小时，发生了震

[1]《关于进一步规范地方政府举债融资行为的通知》目的在于防范风险，约束地方政府及平台杠杆融资。

[2]《关于坚决制止地方以政府购买服务名义违法违规融资的通知》着力规范地方政府购买服务管理，制止地方政府违法违规举债融资行为。

[3]《关于规范政府和社会资本合作（PPP）综合信息平台项目库管理的通知》旨在以 PPP 项目库管理为抓手，进一步规范 PPP 项目运作，要求入库项目需要以立项审批通过为前提，并明确了出现何种情形，项目应予以清退。

惊全国的响水爆炸事故[1]。

事后，我们从央视等权威媒体得知，当天下午，位于江苏省盐城市响水县的一家化工厂发生爆炸，造成直接经济损失19.86亿元。响水“3·21”事故发生后，盐城市决定彻底关闭响水化工园区，而化工是响水当地经济支柱产业之一，这一举措必然会对响水的经济情况产生极大影响。叠加“2018财金23号文”的出台，徽商银行放贷信心严重受损，最终确认不能贷款。

2019年7月上旬，项目各方在元亨祥召开会议，明确补齐材料、完善手续等事宜，一公司分包商提出诉求，要求我们注入资金，我坚决不同意。

7月20日左右，各方又在八公司召开会议，希望做好PPP项目整改工作。遗憾的是，元亨祥虽积极支持整改，但各方对于整改依然没能达成一致。项目进程的拖沓导致错过最佳贷款时间，叠加“3·21”事故的影响，本应落实的银行贷款没能通过，各方信心受损，各种因素导致整改最终流产。8月9日，江苏省财政厅发文通知本项目被清退出江苏省PPP项目库。

8月20日，响水国资办召集合作方以及元亨祥就项目退库后续处置事宜进行商讨。11月15日，项目各方再次召开会议，就项目后续处置事宜进一步磋商。两次会议后，后续工作一直没有实质进展。

---

[1] 2019 年 3 月 21 日 14 时 48 分许，江苏省盐城市响水县陈家港镇化工园区内江苏天嘉宜化工有限公司化学储罐发生爆炸事故，并波及周边 16 家企业。事故共造成 78 人死亡、76 人重伤，640 人住院治疗，直接经济损失 19.86 亿元。

直到2020年下半年，地方公司通过招标，确定由法德东恒律师事务所[1]（后文简称“法德东恒”）提供PPP项目退库处置的法律咨询服务。法德东恒是较早关注并深入参与政府法律服务的律师事务所，担任江苏省政府、南京市政府及多个区县政府机关的法律顾问。

2020年秋冬之际，我一次次开车前往法德东恒南京总部开会讨论响水项目。在我们反复沟通、出示会议纪要与合同、摆事实、讲道理、据理力争后，法德东恒对元亨祥退出项目一事表明了支持态度。同时，我们也表示资金是从投资者手中募集来的，有明确的退出时间，如果逾期兑付会造成群体性上访事件。

最终，法德东恒出具了法律意见书，同意元亨祥退出，理由有三[2]：第一，元亨祥投资行为可定性为名股实债。根据前期多次谈判情况以及现有资料分析，元亨祥作为社会资本方之一主要承担融资义务，其前期为项目所融资金，退出方式为固定收益回报形式。元亨祥公司虽然持有SPV公司股份（大股东），但其股份与公司实际股权对应的股值是不对等的，该股权属于配合融资需要而设置。根据我国相应相关法律规定，可以认定元亨祥公司的投资行为属于：名为投资，实质上为借贷。第二，元亨祥公司以“本金+固

[1] 江苏法德东恒律师事务所肇始于1979年，是我国改革开放恢复律师制度后南京成立的第一家律师事务所，已成为江苏本土区域规模和专业实力领先的综合性律师事务所之一。

[2] 引自江苏法德东恒律师事务所出具的《关于元亨祥公司退出及结算事宜的法律意见书》。

定收益”形式退出符合司法认定。基于响水城东新区PPP项目退库，各方主体已经认可PPP合同终止，按照PPP合同及相关法律规定，PPP合同虽然终止但相关结算条款仍然有效并可参照执行，当然合同各方也可以协调改变结算方式。另，根据人民法院现有司法实践的实际情况，对名股实债的处理，结果都是以本金加利息（或资金占用费）形式计算，不考虑股份及分红问题。第三，元亨祥退出方式符合《公司法》相关规定。我国《公司法》规定，股东退出方式可以由股东会决议决定。经过前期多轮谈判，SPV公司各股东在律师的主持下，也一致同意元亨祥公司该种退出方式，并形成会议纪要。

法德东恒出具的这份法律意见书，对元亨祥退出项目发挥了重要作用。各方开始启动PPP项目退出事宜。退出PPP项目不亚于行军打仗中的大撤兵，也需要进退有度、步伐有序。为了尽快退出，让投资者安心，于是我们开始与项目各方“华山论剑”。

4.4 化险为夷，全身而退

从地图上看，上海紧邻江苏，响水则位于苏北，两地相距400多公里，这条通往响水的艰难路途，那一年我亲自带队跑了不下15趟，总计12000多公里，这令我联想起二万五千里长征之路。这是元亨祥发展史上的一次“长征”，只能胜利，也必须胜利。

还记得2016年夏天，PPP项目刚刚签约，我们团队驱车一路向北前往响水，看着窗外绿树如荫，感受到温暖而湿润的空气，心情愉悦而振奋。到了2020年冬天，为了将尚未退出的资金收回，我们一趟趟驱车去响水交涉。冬天的响水空气干燥而寒冷，少有雨雪，在紧张而焦灼的心情之下，这段路显得格外漫长，沿途风景也失去了生机，“昔我往矣，杨柳依依，今我来思，雨雪霏霏”[1]，团队被压抑、迷茫的情绪笼罩。

项目退库已成定局，这是在检验公司危机处置、风险管控的能力。我们需要快速推进后续工作，抓紧时间收回投资，确保投资者权益不受侵害。元亨祥的资金都是从投资者处募集而来，项目退库令投资者深感不安。2019年8月，官方发文通知项目退出，到2021年真正退出，两年间我们深感焦灼。元亨祥必须担起责任。

每次到了响水，我带领团队直奔相关部门反映情况。一轮又一轮反复谈判，各方负责人坐在会场上，都在为最后如何退出而博弈，从最初的剑拔弩张谈到每一个人都口干舌燥、沉默不语。为了保证投资者的利益，我唯有据理力争、寸步不让。

会后，我们总是又一路驱车沉默着从响水返回上海。团队成员见到我每次都在疲惫地奔波，也曾表示由他们作为代表去开会谈判，被我拒绝了。PPP终究是新生事物，很多细节条款都是在各方商议中确定下来的，如果没有从头至尾地跟进项目，不了解整个过程，很难抓住关键点；而且，多数职业经理人对相关法律并不精通，很容易被对方的逻辑绕进去，导致我们的投资受损。综合考量之下，尽管退出项目注定不会是一段愉快的旅程，我也要一步步亲自把它走完。

2020年冬天，会议推进到项目退出的条款细节，项目各方齐聚在法德东恒南京总部。

会上，相关负责人同意我们先退出，却始终没有安排退出的具

[1] 引自《诗经·采薇》。

体工作，也没有将相关意见形成会议纪要。合作方要求我们和他们同步退出。我提出既然不同意我们先退出就召开新闻发布会，将所有利润都赞助响水。他们一下子没了底气。公司的一位项目负责人见证了这一场景，感到十分震惊。他后来对我说，老板，您怎么能这么强势？您一点面子都不留，日后咱们怎么去缓和关系？

我把团队召集起来，严肃地告诉他们，作为投资人，我们要始终牢记自己的原则与底线！我们的任何行为，都要以确保投资不受损失为原则，不但要收回本金，还要保证投资保值、增值。

最后的退款过程依然一波三折。当时市场融资环境很不乐观，谈好之后，地方公司再出难题，表示只能先付3000万元。我们答应相关负责人，认购1.5亿元的城投债，可以用这笔钱支付项目后续的退出款项，让大家有序退出来，以城投债换取解决眼前问题的时间。谈好之后，地方公司强调先买债再付款，我们强调先付款再买债，双方再度陷入僵持。

地方公司不肯签署债权认购协议，拖延了两个月。后来发现，他们的城投债条件没有落实，还需要提供担保或增信，所以一再推迟和我们签订债权认购协议的时间。

2021年1月26日，到了约定的最后付款日，我带队前往地方公司。一行人随身携带国资办同意退出的函件，长途奔波后准时来到会议室。对方负责人以答应付款为条件，要求元亨祥签了很多说明函、承诺函，我为了拿回投资款，只能无奈答应签署。负责打款的经办人给我们打电话表示："我今天有事请假，需要晚一点到，你们要不就别等了。"

“我们约好了时间的，今天是最后的付款日。”我们解释说，“眼看就快到下午五点钟了，我们需要您赶紧付款，否则我们也来不及按时兑付了。”

或许是我们的长途奔波与责任心打动了他，经办人略一思索，在电话里说：“我的网银U盾在抽屉里，你们自己拿去转吧。”

彼时已经是下午四点多，银行大额转账系统的关闭时间是下午五点。我们找到U盾后，如获至宝，顾不上多说一句话，赶紧登录电脑，迫不及待、争分夺秒输入密码，敲击键盘的“啪嗒”声牵动着每一个人的神经。和时间赛跑，每一秒都漫长无比，整个过程惊心动魄。

最终，在银行大额转账系统关闭之前，我们敲下最后一个回车键，顺利转出了1亿多元资金。查看记录时，发现转账完成时间是16时55分，再晚5分钟当天就不能再转账，我们在一刹那感到如释重负，总算从这个泥潭里面脱身了。追回了响水项目的所有款项，我们终于能够安心返回上海，踏实地过个好年了。

后来，由于政策风向的转变，曾经热火朝天的PPP项目逐渐降温。然而，响水项目的实战，依然为后来的股权投资与项目管理提供了有益探索，其中遭遇的种种问题都让我们更加成熟、理性，团队在项目推进过程中也得到了锻炼与成长。

创业需要激情、热血，但投资一定要冷静、“冷血”。理性对于投资人而言是至关重要的品质。**回顾我的从业生涯，理性的时候都赢了，感性的时候都输了**。

在响水项目中，我们先是因为感性输了过程，后来因为理性赢了结局。因此这更加坚定了元亨祥要矢志不渝坚持“没有万一、只有唯一、安全第一”的风控理念，保持风控的严谨性。未来，无论与谁合作，我们都要保持理性，不能再凭感性相信任何一方。

响水项目有惊无险、全身而退，得益于元亨祥强大的风控能力，也为我们后来的项目投资敲响警钟——无论遇到何种情况，都要做好充分的风险预案。如果与极端情况狭路相逢，要保持“每临大事有静气”的心态，冷静、妥善地化解风险。我们既要有能力把好事办好，也要有能力把麻烦事处理得尽善尽美。

作为企业管理者，关键时刻要敢于站出来，发扬斗争精神，带领员工顶住压力，展现元亨祥人的志气、骨气、底气，实际上我们是在与行业陋习、陈旧观念以及团队内部的侥幸心理作斗争。通过响水项目，我们激励员工敢于担当、积极作为，在大是大非面前敢于亮剑，在矛盾冲突面前敢于迎难而上，在危机困难面前敢于坚决斗争！

第五章

内省修道：战略升级，管理提升

5.1 顺势而为：大基建、大康养、大文旅

2017年9月23日，江苏南通海上威尼斯酒店，元亨祥五周年庆典在此隆重举行。

太平洋建设集团董事局主席严昊[1]莅临现场祝贺，他在致辞中表示，五周年庆典是元亨祥的“成人礼”。元亨祥从无到有、从小到大、从弱到强，与太平洋建设“唇齿相依、肝胆相照”。作为世界500强企业，太平洋建设始终坚持“安全第一、口碑第二、

[1] 严昊：1986年生于江苏淮安，严介和之子，改革开放后第二代企业家的杰出代表。现任太平洋建设董事局主席，中国国际商会副会长，中国个体劳动者协会副会长，中国民（私）营经济研究会常务副理事长。

效益第三”的发展理念，正是基于“安全”这一关键要素，才选择了与元亨祥合作，更期待未来十年、二十年、五十年、一百年之后的长期合作。

严昊讲得诚恳，我听得感动。在与太平洋建设的合作过程中，元亨祥得以起步、成长、壮大。成立五年来，元亨祥不断创新产品，从最初的有限合伙基金到私募债、契约型基金、市政债，锐意进取、坚持创新，从“成长依托太平洋”到“成熟赋能太平洋”，不离不弃、一路相随，最终实现“成功携手太平洋”。

2017年是元亨祥内省修道的一年。这一年，元亨祥重点关注“特色小镇”项目。特色小镇一度是中国经济发展战略层面的关键词，2014年以来，围绕新型城镇化建设，有的地方先行先试，在实践中摸索出特色小镇这种新型产业布局形态后，在全国范围内推广。截至2018年2月，全国分两批共公布特色小镇试点403个，加上各地方创建的省级特色小镇，数量超过2000个。

在各种特色小镇中，最受关注的两大类型是康养小镇和文旅小镇。前者以健康为主题，融合养老、养生等多种功能，符合老龄化社会的需求；后者以文旅为主题，打造颇具文化与地域特色的小镇，以满足人民富裕之后日益增长的旅行、休闲需求。从经济发展阶段来看，这两类小镇最符合未来趋势。

以特色小镇为引领，中国的新型城镇化正在带来基建、康养、文旅三个方面的投资机遇。以此为契机，元亨祥顺势而为，进行战略升级，正式提出“专业专注的生态文明产业链服务商”的定位，聚焦“大基建、大康养、大文旅”领域。

全国各地在建设特色小镇的过程中，千镇一面、千篇一律等问题逐渐显现，最突出的是房地产化明显和产业导向不明。特色小镇旨在聚焦特色产业，打造具有核心竞争力的支柱产业。一些地方快速发展的特色小镇，不同程度地被房地产“绑架”：借发展各种产业之名，行开发小镇地产之实，却未能导入产业进驻，反而加大了房地产库存[1]。2021年9月，国家发改委专门发文指出“部分特色小镇主导产业薄弱”等问题，强调“特色小镇重在培育发展主导产业”[2]。

“不碰房地产开发”是元亨祥创立之初定下的两条戒律[3]之一，政策的明确导向更坚定了元亨祥参与特色小镇建设、专注产业投资的信心和决心。

“导入产业”的背后，实际上是要求特色小镇具备筑巢引凤的能力，元亨祥能做的正是通过投资为特色小镇引入支柱产业，特色小镇发展中的薄弱之处正是我们未来的展业之机。因此，产业投资成为元亨祥发展战略中的关键词。不论是特色小镇建设还是新型城镇化，元亨祥都可以通过“价值投资—产业运营”的路径，服务地方政府的产业发展，从而撬动更多的基础设施项目投资机会。

2017年，元亨祥在深度市场调研的基础上，创新提出IOEPC

[1] 据2018年中国社科院发布的《中国住房发展报告》。

[2] 国家发改委《关于印发全国特色小镇规范健康发展导则的通知》。

[3] 自元亨祥成立之初定下的另一条戒律是“不碰P2P”。

商业模式——投资(I)、运营(O)、施工总承包(EPC)[1]。产业运营是其中至关重要的一环。该模式以“政府引导、企业主导、社会资本参与、市场运营”为原则，通过项目的规划、甄别和筛选，在基础设施投资项目与经营性投资项目的投资比例上进行灵活组合，从而达到项目投资方投资的自主平衡要求，最终既带动了乡村振兴产业发展，又拉动市政配套的完善，且未给政府带来新的债务，这就是IOEPC模式的核心优势所在，是实现人城融合、景城融合、产城融合的示范工程模式。

IOEPC模式也是赋能建筑供应链业务的新路径。通过产业投资寻找建筑供应链业务新的发展机遇，在建设开发运营等各环节引入知名机构作为长期合作伙伴优质资源。如规划设计方面可引入国内顶尖的规划机构，代建、运营方面依托专业的代建企业。将优质的品牌资源导入待开发的片区，在项目建设初期就实现快速招商引资，从根本上提高项目整体竞争力。

“大基建”[2]是元亨祥与太平洋建设合作的起点。无论是乡村振兴、新型城镇化，还是智慧城市，基础设施建设都是未来一段时间极具投资价值的领域。

---

[1] EPC(Engineering Procurement Construction)：是指承包方受业主委托，按照合同约定对工程建设项目的设计、采购、施工等实行全过程或若干阶段的总承包。并对其所承包工程的质量、安全、费用和进度进行负责。

[2] 据国家发改委创新和高技术发展司司长伍浩在 2020 年 4 月 20 日的国家发改委新闻发布会上的解读，大基建还包括新基建，新基建一般指新型基础设施建设，主要包括 5G 基站建设、特高压、城际高速铁路和城市轨道交通、新能源汽车充电桩、大数据中心、人工智能、工业互联网七大领域。

“大康养”则是老龄化社会发展必然的趋势。中国正在步入深度老龄化社会，到2025年，中国3亿老年人口有巨大的养老需求，6亿中等收入群体有养生的需求，这是“大康养”高速发展的市场基础。

“大文旅”则是人民生活富裕后的必然选择。旅游已经成为中等收入群体休闲生活中的重要组成部分，而中国还有太多文化旅游资源空守青山、无人问津。在“大文旅”领域，文化、旅游、体育、健康等相关产业都将涌现出巨大的投资机会。

五周年庆典是元亨祥新的起点。一路走来，风雨兼程，我感慨万分。会场气氛热烈，随着伴奏的豪迈旋律响起，我特意选唱了一曲《向天再借五百年》[1]：“做人一地肝胆，做人何惧艰险/豪情不变，年复一年/做人有苦有甜，善恶分开两边/都为梦中的明天……”可谓直抒胸臆、酣畅淋漓。

从一个人、一个包、一百万独闯陆家嘴，到五年后拥有了300多名携手并进的团队伙伴，可谓踏遍千山万水，历尽千辛万苦，而心中的千言万语最终都融汇在了如有千军万马的澎湃胸怀之中。回首往昔，五载耕耘，春华秋实；展望未来，我们更加意气风发、壮志凌云！

---

[1]《向天再借五百年》是韩磊演唱的歌曲，由樊孝斌作词，张宏光作曲。

5.2 提高管理水平，通过标准认证

自2014年内控实行流程化管理后，2015年我们编制了元亨祥第一本制度汇编，此后每两年都会对公司制度进行一次全面修订，整理汇编成册。2017年，我们通过了国际认可的ISO9001标准质量管理体系认证。

2015年，由杨丽娜牵头负责制度汇编工作，对公司各项制度进行全面梳理、汇编成册。第一，成立专班，分配任务。制度汇编是一项系统、全面的工作，公司要求由各部门指定专人组成工作专班，明确任务要求，各司其职、通力协作。第二，收集资料，全面整理。工作专班对元亨祥成立以来散落于各部门的所有规章制度、业务流程进行全面整理，查漏补缺、建立健全，根据需要精简审批环节、优化管理

流程。第三，审核汇总，印刷成册。公司对整理完成后的制度流程逐字逐句进行认真审核，对各部门和各岗位的职责进行了明确定位，形成了可复制、可推广的管理体系，于2015年11月完成编辑制作、印刷成册。在元亨祥制度汇编的封面上赫然印着：**制度是企业的良知，流程是团队的智商**。这也是我创业以来的切身感受。

制度是企业的良知。完善的制度体系既为员工提供了保障自身合法权益的依据，又为企业的依法合规经营扎稳了“篱笆”，好的制度是优秀企业的良知。流程是团队的智商。健全的流程体系则为公司经营管理提供了高效而简捷的工作程序和标准，是团队在经营管理实践中的智慧结晶。

制度汇编工作很有意义：第一，这是元亨祥第一次对制度进行系统全面的收集、审视和修订；第二，汇编的完成，让元亨祥人有了一本共同遵守且完整统一的管理制度和执行标准；第三，随着汇编的完成和执行，实现品牌化管理，进一步提升了公司的整体形象和品牌美誉度。当时行政综合部负责人刚刚离职，整个部门只有4名员工。在人少活多的情况下，杨丽娜主动担当，带领团队加班加点、使命必达。

2017年是元亨祥的“内省修道年”，企业管理水平迈上了新台阶。**元亨祥的工作标准是：“操作流程化、流程制度化、制度系统化、系统规范化。**”“操作流程化”要求所有的业务操作都要形成流程，在流程固化和创新优化之间动态升级，让操作流程化成为管理者自觉；“流程制度化”要求所有流程都要有相应的制度文本和标准规范，通过刚性约束、强化督办、过程控制，实现科学、高效的流程制度化管控目标；“制度系统化”要求将一系列的管理制度构建成体系完备、运行有序、科学高效的管理系统，覆盖公司的一切经营管理活动和流程的各个环节；“系统规范化”要求管理系统要建立在依法合规的基础上，依法治企、以制度人、以文化心，打造百年老店的规范化管理系统。

一流企业做文化、做标准。元亨祥把公司的业务和管理提炼为标准流程体系，做到标准化管控，并升华到文化高度，内化于心；将管控权限分为参与、提案、审核、审批和备案五层，通过流程管理实现对组织的合理授权和有序管控。

在建立工作标准的基础上，为了进一步提升元亨祥的标准化管理水平，我们选择了国际公认、应用广泛的ISO9001标准质量管理体系认证，以国际标准提升元亨祥的管理标准化，并于2016年6月正式启动了项目认证，整整持续了一年。

自从引入ISO9001标准质量管理体系，各部门的经营风险与不足之处逐步显现。按照该管理体系的定义，风险就是不确定性对预期结果的影响，基于风险的思维观念一直隐含在质量管理体系之内。作为以管理风险为核心要义的风控型资产管理专家，我们的目的是通过认证，尽可能地消除风险隐患，更好地防范经营风险。

ISO9001是国际标准化组织[1]（ISO）在总结发达国家先进

---

［1］ 国际标准化组织（ISO）：INTERNATONAL ORGANIZATION FOR STAN-DARDIZATION 是非政府性国际组织。ISO 的前身是国际标准化协会（ISA），发展至今，已成为世界上最大的国际标准化机构、联合国的甲级咨询机构，总部在瑞士日内瓦。缩写“ISO”源于希腊语，有“平等”“均等”之意。

质量管理经验的基础上，形成并完善的一套质量管理国际标准，全球有161个国家和地区超过75万个组织正在使用这一质量标准[1]。截至目前，采用这一体系的多为制造企业。据我所知，投资机构很少采用这一标准，在私募基金行业更为鲜见。

在开展ISO9001质量认证工作的初期，元亨祥大部分员工对此颇为排斥，纷纷表示不适应。因此，我们聘请了专业咨询团队开展内部培训。除了向员工宣贯ISO9001标准的基本内容之外，还要求各部门按标准提供相关资料。元亨祥所有业务流程中的每一个环节，都需要提供明确、具体、规范的引用文件。这些文件涉及方方面面，包括表述元亨祥宗旨、方针、目标、愿景、经营理念的战略性文件、质量管理手册、流程文件、工作职责、操作流程、管理制度及工作表格，等等。

这让员工们叫苦不迭。一些部门对于因认证带来的琐碎而繁重的具体事务心存抱怨。认证过程中，咨询机构对公司的工作方式提出了事无巨细的整改要求，即便是一封日常写给投资者的邮件，也会对其开头、结尾、主要内容的结构甚至具体措辞提出建议。

ISO体系认证是一个持续的过程，而非一次性的检查与审核。认证期间，通过咨询团队的辅导，元亨祥进行了多轮自我审视，其

---

[1] ISO9001是一套独立的第三方质量体系认证，适合希望改进运营和管理方式的任何组织。ISO9000和ISO9001都是ISO9000族标准中的一项标准，内容不同。ISO9001名称为《质量管理体系要求》，属于体系要求的标准。ISO9000名称为《质量管理体系基础和术语》，属于体系相关的标准。我们通常说的质量管理体系认证，是基于ISO9001《质量管理体系要求》这项标准所进行的认证。

中包括：为应对不断变化的市场趋势与客户需求，应该如何获取新知识并提供合格的产品与服务？如何借助ISO9001质量管理体系，制定应对风险和抢抓机遇的措施？如何评价这些措施的有效性？

在认证过程中，贯穿始终的“PDCA循环”方法论对元亨祥员工影响颇深。PDCA循环是一种质量管理方法[1]。为了确保认证的客观性和权威性，咨询团队与认证机构对元亨祥进行多轮培训和检查。其中，在元亨祥基金产品的募、投、管、退流程中，针对募集环节，需要厘清一系列问题：在此环节通常要做哪些准备，由哪些程序化的动作组成，这些动作是否合理；问题梳理之后，进入募集实施过程，又应分为哪些步骤，在多年实施募集的经验中，又发现了哪些问题；最终，未解决的问题进入又一次PDCA的循环中。

PDCA循环方法论为元亨祥日后的项目管理奠定了基础。直到如今，元亨祥的许多高管还运用这一方法论开展经营管理工作。他们在认证过程中逐步加深了对PDCA循环的认识。其中，近20名高管和核心员工先后参加了ISO9001内审员资格培训并通过了考试。可以说，ISO9001认证工作对元亨祥的帮助是多方面、全方位的。

2017年6月，元亨祥基金获得由国家认证认可监督管理委员会颁发的质量管理体系ISO9001：2015标准管理体系认证证书。在历时一年的认证申请过程中，公司主动接受业界权威机构、专家小组的轮番尽调评估，最终评估结果认为：元亨祥基金在“审核监

[1] PDCA是英语单词Plan（策划）、Do（实施）、Check（检查）和Act（处置）的第一个字母，PDCA循环就是按照这样的顺序进行质量管理，并且循环不止地持续运转的科学程序。

督、风险控制、用户体验、企业管理”等方面为其他企业提供了可资借鉴和学习的经验，堪称我国私募基金企业的标杆。

这张沉甸甸的证书是元亨祥五周年的又一座里程碑。想要成为行业标杆，标准化是对企业经营管理规范化的基本要求。参与评审的专家们和项目组向我们反馈，在他们经历过的项目中，很少有非制造业企业主动要求进行质量体系标准认证，在私募基金行业内更是首创。

合规经营是元亨祥的“三条高压线”[1]之一，我们从创立之初就不断规范员工行为，优化操作流程，建立完善规章制度。元亨祥一直致力成为百年老店，公司上下同心竭力，努力通过ISO9001标准认证，一步一个脚印、步步为营，最终成为行业标杆。

值得欣慰的是，认证过程倒逼了元亨祥各部门、各分公司对各自的流程、标准进行了深入梳理和查漏补缺，在认证初期对项目不理解、不配合的员工，也在不断的宣贯和内训中发生了思想转变。ISO9001标准认证最终推动了全员标准化、流程化意识的普遍提升和企业标准化的跨越式发展。

[1] 元亨祥的“三条高压线”指：战略定力、文化价值、合规经营。

5.3 没有万一，只有唯一，安全第一

千丈之堤，以蝼蚁之穴溃；百尺之室，以突隙之烟焚。[1]宏伟的堤坝，往往毁于蚁穴；庞大的房屋，只因一点小火星就化为乌有。对企业而言，风险无处不在、无时不在，有时隐蔽性又很强。可风险一旦发展为危机，很可能直接关乎企业的生死存亡。无论发展到什么阶段，活下去都是企业面临的永恒问题。

合规经营是投资公司固本强基、稳健运行、持续发展的基础，元亨祥通过科学的法人治理结构、完善的组织架构、规范的流程设计、严格的信息管

[1] 引自《韩非子·喻老》。

理，强化制度约束、构筑有效防范各类风险的内部屏障；坚持预防预控，从源头上消除风险隐患，打造本质安全企业，确保客户价值的安全保障、公司经营的安全永续。

建立制度化风控体系是我们防控风险的基础。公司遵循政策法规，建立员工行为准则、岗位分离制度、业务隔离制度、标准化作业流程制度、权限管理制度、信息披露制度、独立的审查稽核制度等。任何合作方及拟投项目，都必须经过专业团队的尽职调查、公司风控部门严格审核、法律顾问的缜密意见等全面的流程管控。

元亨祥设有风险控制委员会，每一支基金新产品发行前都要上会讨论。2017年，元亨祥内部发生了一件“小事”，让我们把对风险的重视提升到一个新的高度。为了进一步满足客户需求，提高客户收益，提升自身投资能力，元亨祥组建了FOF基金[1]事业部。有一次，我参加FOF基金产品的风控会，一名分析师在介绍产品时表示该产品不存在任何风险。我认真听完后，当场提出了质疑，产品并非没有风险。这位分析师有些不以为然，认为此前经过多轮讨论，这次风控会不过是走个流程，于是他答复说，在二级市场投资中出现亏损属于正常现象。

“正常现象”四个字当即刺激了我。看着那位员工随意且自信的表情，看着大家满不在乎、漠不关心的反应，似乎把我当作不懂

[1] FOF基金（Fund of Funds）：一种专门投资于其他投资基金的基金。FOF并不直接投资股票或债券，其投资范围仅限于其他基金，通过持有其他证券投资基金而间接持有股票、债券等证券资产。它是结合基金产品创新和销售渠道创新的基金新品种。

业务的“门外汉”，我突然意识到这四个字对元亨祥而言是多么可怕的“毒药”。

在投资领域，这种“亏损是正常现象”的想法非常危险。接下来，我就风险控制问题进行了半个多小时的强调，对FOF团队提出了严厉批评。

那名分析师觉得我小题大做，有点不耐烦地解释说：“我也只是随口一说而已。”

我厉声对他说：“你不但不应该说，你连想都不能想！”

“我只是说万一……”他继续解释。

“没有万一，只有唯一，安全第一！”我脱口而出。

员工眼中百分之一甚至万分之一的可能性如果成为现实，对我们而言就是百分之百的损失。如果团队已经有了“投资者亏损也正常”的想法，那么这条底线就会慢慢被突破。我自幼受到父母“小时偷针，长大偷金”的教育，也深知“兴也勃焉，亡也忽焉”的道理。一旦团队产生“亏损也正常”的想法，很快就会表达出来，想了就会说，说了就会有实际影响。今天这个项目亏损1%，明天那个项目就可能亏损10%，未来不知道哪个项目就有可能亏损殆尽……当“亏损成为正常”，元亨祥很快就不复存在了。

绝不让投资者亏损是元亨祥的底线。我要求团队做到换位思考，设身处地为投资者着想。如果你是投资者，愿意冒这样的风险进行投资吗？我们绝不允许投资者亏损，这就是很多投资者愿意陪伴元亨祥一起成长的根本原因。在元亨祥与众多投资者交流的过程中，得到的最多评价就是“稳”。

这场风控会上的讨论，实际上是一场理念之争、企业文化之争、价值观之争。**我在这次风控会上提出了“没有万一，只有唯一，安全第一”的要求**。没有万一，旨在警醒所有员工，侥幸心理是动摇元亨祥稳健投资原则的根源。只有唯一，则在揭示一个残酷的事实：很多时候客户只给我们一次机会，一次亏损可能就会影响他对元亨祥的信任，所以必须做到确保无虞、万无一失。安全第一，用现代法人治理结构来保障公司的安全运营，这要求每一个元亨祥人都要真正坚持绝不让投资者亏损的“良心”、必须让资产保值增值的“良信”、坚决依法合规经营的“良行”。

这件所谓的“小事”发生之后，那名分析师在一周之内被劝退，我在两个月内果断解散了FOF团队。我不能容忍与元亨祥核心价值观相悖的团队存在。

国学大师南怀瑾曾说过：“自古以来，在任何时代，行正道都是非常艰难的。”元亨祥提出“顺天道、守正道、拓财道、得王道、成圣道”的“五道”价值观，并坚守如初，一路走来，困难很多。但如果说到今天为止，元亨祥取得了一定的成功，那么成功的秘诀，就是始终守正前行。

做投资、做企业，应该把握好感性与“冷血”的关系。对待员工和投资者，元亨祥始终奉献着最大热情和善意；在业务层面上，理智则是必须始终坚守的原则。投资领域处处有风险，容不得半点麻痹大意。所以不要试图挑战人性、考验人性。我在信用社工作23年，其中19年从事信贷工作，其间见识过太多人性的黑暗和丑恶。有的人在借贷时信誓旦旦，赌咒发愿地表示他将按期还贷，到期后无法还款，反而把责任推到信贷工作人员的头上。这样的例子不胜枚举。就是因为有过这样的经历，我才会坚持"没有万一"的理念。

在元亨祥，"没有万一"体现在方方面面。2017年，公司的一名高管引进了一款基金产品，准备投资某知名物流公司，投资金额为1亿~2亿元。但风控会上审议时我们发现，这一产品是通过河南一家刚成立不久的公司间接投资，真实的投向存疑，元亨祥的基金无法成为这家物流公司的直接股东，也不能成为直接股东的LP[1]。在这种情况下，我们断然放弃了该项目的投资。

元亨祥决不能为任何一个错投项目打工，更不能为任何一个错误决策打工。不能因为一个项目的风险导致满盘皆输，更不能因为一个人的决策失误导致功亏一篑。

如今回望，"没有万一，只有唯一，安全第一"这一风控理念的提出，是元亨祥在那个时期非凡定力的表现。投资行业瞬息万变，只有潮水退去时，才知道谁在裸泳。我们要做到"常在河边走，就是不湿鞋"，在浮躁的行业风气之下，元亨祥守得住坚持的孤独，这份定力显得尤为珍贵。

---

[1] LP（Limited Partner），一般指有限合伙人，泛指为股权投资提供资金来源的群体，所投资基金并不限定于公司制或合伙制。

万事万物是都在“吉吝凶悔”[1]的循环转化中变化运行，元亨祥只能独善其身，不断完善风险控制的流程，建立健全相关机制，从成立伊始先后推出《风险政策解读实施细则》《风险合规培训实施细则》《风险案例库实施细则》等风险管理制度。只有坚守严谨甚至严苛的风控理念，建立一套完善的风控体系，才能在和风险的博弈中始终掌握主动权。

---

[1] 吉吝凶悔：引自《易经·系辞上》：圣人设卦观象，系辞焉而明吉凶，刚柔相推而生变化。是故，吉凶者，失得之象也。悔吝者，忧虞之象也。悔，后悔；吝，心上有事放不下，有包袱，进而举棋不定等等，从而呈现忧虞之象。这些象都可以在六爻的关系中表现出来，得位、居中，就吉；不得位，就可能有忧虞之象；又不得位，又不居中，且其中阴阳组合又有诸多麻烦，那就可能呈凶象。

5.4　接受突击检查，成为合规标杆

2017年8月25日，星期五，临近下班时间，一个陌生号码频繁呼入。我一开始以为是诈骗电话，就没有在意。这个电话号码又连续打来好几次，我这才接听：

"你是程芳吗？我们是中国证券投资基金业协会的工作人员，近期会去元亨祥进行检查，通知你一下。"

"检查什么呢？"我将信将疑。

"这个我现在不能跟你讲。"

"那您怎么称呼呢？"

"这个你也不用问。我们到时候会再和你具体联系。"说完，对方挂断了电话。

8月28日晚，元亨祥收到了一封电子邮件，来自中国证券投资基金业协会私募管理部自律组，通知我们：协会工作组即将对公司进行现场检查，要求准备各种资质文件、全部员工名册、前两年年度审计报告和当年1—7月财务数据等资料。

中基协的主要职能包括“监督、检查会员及其从业人员的执业行为，对违反自律规则和协会章程的给予纪律处分”。我不知道中基协临时通知检查的原因是什么，一时摸不着头脑，第一反应是中基协可能收到了同行的不实举报。倘若如此，来到现场之后，中基协会检查哪些内容？8月29日下午，我召集相关部门负责人开会，宣布接受检查的两条原则。

第一条原则是实话实说、密切配合。元亨祥不会弄虚作假，也不能弄虚作假。成立几年来，元亨祥坚持合规经营、到期兑付，对伙伴、对投资者都问心无愧。至于检查组究竟要查什么，现在无从猜测，也不必乱猜。元亨祥所有员工，无论问到谁，一定要说实话，了解的情况如实讲，不了解的情况也不要随意讲，一定要做到实事求是。

第二条原则是虚心认错、立即整改。该认错的时候就诚恳认错，检查组检查出什么问题，我们都要认真对照整改。即便中间出现了什么误会，也不要与对方争辩。得忍且忍，得耐且耐，不忍不耐，小事成灾。

虽然确定了两条原则，但散会后大家仍然惴惴不安、议论纷纷。实际上，我的心中同样充满了疑问，我缓步回到办公室的座位上，反复思考着究竟为什么中基协会突然来检查，是有人举报还是例行抽查？但一切都无从知晓，我能做的也只是在不安中等待。

8月30日一早，中基协检查组按照预定时间来到招商局大厦，现场向我们出示了检查通知书：检查将从30日开始持续4天，到9月2日结束。但让我略感疑惑的是，通知书上列有10名检查组成员，我们却只见到了6名。我询问检查组长："另外4个人呢？"他一脸严肃地说："这个你不用管。"

检查组先对元亨祥的高管团队进行了集中谈话，宣讲政策，说明了此次检查的原因是接到相关举报，要求我们实事求是，配合检查。我也向检查组进行了近一个半小时的重点汇报，介绍了公司的发展战略、经营现状和未来规划。检查组听取汇报后，要求我们提供包括员工花名册在内的相关资料，在确定谈话名单前，所有员工不得擅自离开。

检查正式开始后，检查组一方面按照他们勾选的员工名单逐一进行单独谈话、了解情况，另一方面检查各类文件。当检查组工作人员看到元亨祥有条不紊地按要求迅速找到相应文件，且文件格式清晰规范，各类规章制度非常健全时，他们的神情较一开始略显缓和，但态度仍十分严肃。

上午10时，检查组的10名工作人员全部到齐，后来我才得知，另外4人一直在对元亨祥的经营行为进行全面深入的暗访，把公司情况了解得很细致。

检查从一早开始，持续到当天下午临近下班。整整一天时间里，检查组先后安排了16位员工谈话，没有一句多余的闲聊。检查过程中，他们对自己要求始终十分严格，不仅不吃我们准备的工作餐和水果，连公司提供的矿泉水都不喝。18时左右，检查组要求我们当场把指定文件打包，共计8箱，并贴上封条，快递至中基协。将近20时，检查组的工作接近尾声，有员工试探着问检查组明天什么时间到，他们说："明天不来，现场检查结束了。"

4天的检查工作日程临时缩短到了1天，是元亨祥实话实说、积极配合的态度赢得了中基协检查组的信任；检查组通过明察暗访，从元亨祥的规章制度、员工行为、文件规范等诸多细节中，了解到我们诚信规范经营的事实，因此临时决定提前结束了现场检查。

让我没有想到的是，临走前主查对我们说："具体检查结果我们回去后汇总信息再通知你们，但是我给你们提个建议：元亨祥的制度规范，几乎可以申请一个国家级精神文明相关奖项，具体是哪个奖项我也不太清楚，你们可以了解后，按流程申请评选。"

检查就这么结束了。一开始大家还有些担心，好几个月过去了，检查结果如石沉大海。直到2018年1月，中基协才通过邮件反馈给我们一份检查意见：希望元亨祥继续规范经营，争做行业标杆。除此之外，没有其他意见。

直到2021年，我才偶然得知了这次检查的真实原因。

原来，这是一块招牌引发的误会。2015年10月，元亨祥因为规模扩大，要在招商局大厦内扩租楼层。物业公司极力推荐了大厦一层底商，主动承诺赠送广告位。考虑到此处位于陆家嘴核心，银行总部林立，位置醒目，便于拓展上海本地资源，元亨祥在大厦外立面挂牌，成立了上海分公司——"陆家嘴理财中心"。没想到2017年8月，就在突击检查之前不久，一位领导从招商局大厦门口路过，看到“陆家嘴理财中心”的招牌感到很疑惑，因为不太了解元亨祥的情况，才有了这次突击检查。

一场误会引发的突击检查，元亨祥实事求是沉着应对，以诚信、规范的经营赢得了监管部门的认可与鼓励。元亨祥这次得以有惊无险，主要得益于一直以来拥抱监管的谨慎态度，并把这一理念落实到日常工作中，始终“战战兢兢，如履薄冰”的严谨认真才会有面对检查时的实事求是、从容应对。

5.5 智库的远见：智囊、智脑、智心

2017年，元亨祥在依法合规经营和安全兑付方面都经受住了考验，我更加深刻地感受到“谋定而后动”的重要意义。因此元亨祥于2017年根据业务发展的实际需要将经济研究院升格为智库。

自元亨祥成立以来，一直非常重视研究工作对业务经营的助力作用。我们是智力输出型企业，在2013年公司全员只有不到30人时，就成立了有9名员工组成的投资研发部，对研究工作的重视程度由此可知。2015年，由于业务的快速发展，对宏观经济、行业趋势的研判需求更为强烈，元亨祥在投资研发部的基础上成立了经济研究院。

2017年，随着公司的发展壮大和战略升级，聚焦“大基建、大康养、大文旅”，经济研究院的功能已不够全面，定位也不能完全覆盖发展所需的战略研究、资本市场研究和生命健康产业研究等领域。为了使研究机构与公司的业务需求完全契合，我提出将元亨祥经济研究院升格为智库，并进一步明确了智库定位：打造企业战略发展的“智囊”、业务经营的“智脑”、人才培育的“智心”。

9月22日，在第三季度经营形势分析会上，我宣布了集团发展的新规划：成立“元亨祥企业管理集团”，作为一级集团；原“元亨祥基金集团”主营私募基金业务，列为下属二级集团，与元立方金服、元泰恒健康、元亨祥智库、元贞祥产业共同构成元亨祥企业管理集团下属的五大板块。这样的安排既考虑到监管需求，更是出于对集团未来发展的整体战略调整。智库是其中的智慧板块，功能定位为：对内赋能业务发展，对外输出管理智慧。未来智库还将打造以“研究+咨询”为产品的新业务线。

从此，智库围绕“智囊”“智脑”“智心”的“三智”定位开展工作。

首先，智库要成为集团战略发展的“智囊”。智库应为元亨祥内部的科学决策，特别是战略决策提供研究支持。随着外部环境变化与市场规模扩大，企业面临的外部情况愈加复杂，需要智库来提供战略发展方向参考。与外部智库相比，内部智库无疑更了解企业实际，研究成果更贴近企业经营情况，更具指导性。元亨祥向外部咨询机构“借智”，内部智库创智，内外结合，为企业提供决策支持。

2015年，元亨祥经济研究院就邀请管清友担任第一任首席经济学家。管清友是国内知名经济学者，清华大学博士后，曾任民生证券副总裁、清华大学国情研究中心能源与气候变化项目主任等职。此后，智库与多名专家合作，先后聘请卢新生[1]、欧阳辉[2]等知名学者担任首席经济学家。这些“智囊”加入后，围绕公司发展，从战略、政策、行业等方面深入研究，为元亨祥的战略决策提供了学术支撑。

第二，智库要成为业务经营的“智脑”。投资行业的业务经营离不开智库的研究赋能，宏观层面研究国家政策、经济走向，中观层面研究行业趋势、协同业务部门为具体项目做可行性论证，微观层面谋划公司未来业务方向，都是智库的工作职责。

智库的主要研究方向始终围绕集团的业务经营进行，为核心主业指明方向、引领发展。同时，智库将研究成果通过论坛、沙龙与行业进行交流分享，在支撑对内决策的同时扩大对外影响，通过输出成果与观点，提升品牌知名度和行业影响力。

从多年来智库结集出版的一系列图书中不难看出，随着业务经营转型，智库研究、聚焦领域不断变迁。智库始终发挥着智脑作用，围绕集团特色小镇、康养产业等投资方向，先后出版了《中

[1] 卢新生教授先后任同济大学经管学院、上海大学管理学院、济南大学商学院教授及博士生导师，主要研究领域包括金融市场与系统性风险、中国 PPP 与特色小镇等。

[2] 欧阳辉是长江商学院金融学杰出院长讲席教授，曾任雷曼兄弟董事总经理，拥有美国加州大学伯克利分校金融学博士学位和美国杜兰大学化学物理学博士学位，曾师从诺贝尔奖得主鲁道夫·马库斯。

国特色小镇发展蓝皮书2019》(2018年12月)、《中国康养产业发展模式与案例研究》(2019年12月)、《中国健康养老产业投资——政策、路径及案例》(2021年12月)等图书,为业务发展助力赋能。

第三,智库还要成为人才培育的“智心”。智库是汇集智力的平台,拥有高素质、经验丰富的人才队伍,同时成为培养企业人才的核心机构。智库还很年轻,一方面通过多种方式吸引外部人才,一方面向业务和职能部门输出年轻骨干人才。将人才发展与智库研究有机融合,既有利于智库成果贴近实际,也为人才提供了新的职业上升空间。

对于智库未来的发展,我还有自己的“私心”。智库是元亨祥的大脑和舵盘。这些年来,我将元亨祥着力打造成不以任何个人为核心,可以自动、自主运转的平台,元亨祥不能为某个人“打工”。

我希望智库未来可以为行业提供咨询服务,帮助更多中小企业健康成长。作为亲历者将过往的经验教训分享给更多人,让他们少走弯路、稳健发展。不仅我本人,我也希望智库能成为元亨祥高管“退隐江湖”之后持续发挥价值的舞台,实现“元亨祥人永不退休”的梦想。

智库伴随着元亨祥的发展不断迭代升级,迎来一个又一个新的发展机遇。现在元亨祥智库以打造“生命健康领域的引领型智库”为使命,聚焦生命健康领域,开展战略研究和投资策略研究,智库内设战略发展、生命科学、健康保险、资本市场、规划设计五个研究院。目前，智库的发展与要求还存在差距，但随着一项项基础工作的扎实推进，智库必将逐步成熟，实现专业化发展，成为一流企业智库。

第六章

防患未然：战略突围，稳健发展

6.1 清理团队，平息风波

元亨祥始终坚持稳健成长。我们把握好业务发展与风险防范、产品创新与强化管理的关系。有时为了加强管理、做好内部控制，公司只能暂时牺牲规模，保障稳健经营。

随着宁波分公司和杭州分公司的成立，元亨祥成功布局长三角市场，短时间内管理规模得以增长，渠道团队的确起到了开拓市场、扩大品牌影响力的积极作用。截至2016年，宁波团队的年销售规模已占总量的30%。

然而，渠道方的私心越来越重，与元亨祥的理念冲突也越发明显。渠道团队以其势大，不断以各种莫须有的借口和理由漫天要价。

元亨祥和宁波、杭州团队的分歧缘于不同的经营理念和价值观。“相互成就、共同分享”是元亨祥的核心价值观，但他们既要高成本，又不培养团队，还打压员工——“把成本顶上天，把员工压到底”，眼里只有利益，压制团队成长，长此以往，无法留住销售团队。这是企业经营的大忌，元亨祥没有必要妥协，更不能妥协，所谓“道不同，不相为谋”。

2016年，我已下定决心，元亨祥从渠道转为直营的变革就从宁波开始。元亨祥表面上依旧风平浪静，暂时与渠道继续合作。但宁波团队出于私心，始终不与总部签署相关协议。对于这种不符合公司规定的行为，我们不得不主动采取措施：不签署相关协议，就扣下宁波团队的销售佣金，其中最高的一次扣留了其三个月佣金。在这种情况下，对方仍然拖拖拉拉，于是我们劝宁波团队终止合作。

由于职责所在，刘闪对渠道的强势最有体会，但她更顾及募集能力降低会对公司经营伤筋动骨。对于可能带来的损失，我又何尝不知？但既然渠道转直营之策已决，与其被别人牵着鼻子走，甚至有朝一日可能会蒙受更大的损失，还不如主动消除弊端、保存实力。与其船至中流被人推下水，不如主动弃船登岸。

因此，我对刘闪说：“不整顿宁波，就无法规范杭州。不规范杭州，直营团队建设就无法启动。与其被动等待，不如主动出击。”

2017年1月6日，我让刘闪带着拟定好的终止合作协议，通知宁波团队不得再使用元亨祥的品牌，不得再销售元亨祥的产品。宁波团队仍有一部分未结算的佣金压在我们手里，不终止合作就拿不到这笔钱。见事情已无回旋余地，无奈之下他们只得签署了协议——宁波团队与元亨祥的合作正式终止。

刘闪马不停蹄地从宁波赶往苏州。当天，我们正在苏州静思园酒店举行元亨祥2016年度工作总结暨2017年工作部署会议。有了刘闪带来的这份协议，剥离宁波团队已是板上钉钉，我们心中有了底，当即在会议上宣布元亨祥将立即实行渠道转直营的消息。

剥离宁波团队后，元亨祥的募集规模暂时受到了冲击，也引发了团队内部的不解，甚至有个别资深员工的反应特别强烈：明明做得好好的业务，为什么一夜之间说砍掉就砍掉了？公司在战略层面的决策很难向每一名员工都解释清楚，既然解释不清，我就索性不再解释了。

杭州团队正式转为直营，一场"风波"即将来临，暗流涌动。

从表面上看，一切仍然运行如常。那一年，刘闪不断在上海和杭州之间奔波。我也多次要求杭州团队来上海总部，并以最大的克制和耐心，向他们提出了一套又一套团队转型的方案。其间刘闪向杭州团队提出，建立江浙区域子公司，团队与公司各占一定股份。但杭州团队根本不想长期合作，只想赚快钱，所以拒绝了我们的提议。

看到宁波团队被剥离，又面临着转直营的大势，杭州团队负责人自觉不妙，虽然心存不满，表面仍然配合，但实际上已经开始谋划带领整个团队集体出走，另起炉灶。他们我行我素、欺上瞒下，导致团队内部人心惶惶。

2016年夏天，杭州分公司员工夏丹丹发现，自己的工资竟然来自分公司负责人爱人的个人账户，感觉到其中的蹊跷：杭州分公司和元亨祥集团究竟是什么关系？她给我打电话询问此事，我回复说，虽然杭州团队的工资由分公司负担，但劳动关系直接隶属总部。而且，实现渠道转直营是大势所趋，总部的决心非常坚定。我掷地有声地告诉她，总部很快将建立直营团队，夏丹丹这才放下心来。后来，我们不断推动规范经营，冲破重重阻力，在杭州成立了第二分公司，接受总部直管，由夏丹丹担任负责人。从这个意义上说，夏丹丹才是元亨祥第一个直营分公司的负责人。

杭州团队的范忆敏在加入元亨祥后，短短两年间业绩突出。为了拓展员工的成长空间，总部决定推出“私人银行家计划”，从杭州团队中剥离骨干员工。元亨祥为晋升为私人银行家的员工单独设立私人银行家工作室，直接归属总部管理。以范忆敏的能力，从贵宾理财师晋升为私人银行家本是理所应当，但杭州团队负责人却对此百般阻挠，压制她的成长。经过多次沟通，到2017年6月，她终于晋升为私人银行家。

2017年秋天，一个周末的下午，杭州分公司负责人以沟通工作为由，召集主要业务骨干开会，许诺高薪高位，公然“挖角”。直到这时，参会人员才明白了负责人的真正目的，他们感到十分困惑，既不愿离开元亨祥，又不知公司未来将如何处置杭州团队。负责人自认为行事隐秘，但公开挖角的消息不胫而走，很快传到了总部。她原本计划把工商注册、新公司选址、人员挖角等一系列工作安排妥当后，再把事情挑明。但现在已经完全公开化，我们不得不放弃“劝留”，采取断然措施。

杭州分公司负责人的爱人同样是团队中的销售人员，这段时期他正忙着注册新公司、装修办公场地等事宜，已经两三个月没有任何销售业绩，公然旷工。总部对此忍无可忍，勒令其立即办理离职手续，他却一直以各种理由拖延。

2017年12月28日，我委派刘闪等人前往杭州进行最后交涉，要求负责人的爱人必须立即离职。负责人自认为手里掌握了客户资源，分公司团队是她一手组建，已经安排好了一切，有信心率领团队集体离职，另立门户，因此趾高气扬、出言不逊。为防止负责人做出令元亨祥品牌声誉受损的事，公司断然出手，当即发文免去她的职务，宣布她不再担任元亨祥杭州分公司总经理，如果再有任何损害公司利益的行为，我们就会依法维权。她在得知免职的消息后，态度立刻软了下来，她的爱人在当天办理了离职。公司勒令她于12月31日前必须自行辞职，否则将予以开除。

同时，我嘱咐刘闪不必和他们正面冲突，如果有特殊情况，可以及时报警，依法处理。可是，我还是高估了对方的底线：负责人的爱人在分公司耀武扬威，声称杭州分公司办公场地的承租方是他们，让我们腾出办公室。他这么做，无非是想混淆视听，以致向投资者捏造、散播“元亨祥出了问题”的谣言，大做文章。但租赁合同上的承租人明明是元亨祥，这完全是无理取闹，我们义正词严地拒绝了他的要求。

2018年1月1日上午10时左右，我接到时任杭州分公司事业部总监陆芳芳的电话，询问我前台的元亨祥LOGO被砸坏，总部怎么没有安排人维修？我这才知道：杭州分公司负责人的爱人当时恼羞成怒，为了泄愤，砸坏了LOGO。

我立即拨通杭州分公司负责人的电话，要求他们必须在元旦假期结束前把LOGO修复如初，否则一切后果由他们自己承担。迫于压力，他们按时修复了LOGO。

2018年1月，元亨祥宣布将杭州分公司一分为三，由范忆敏担任区域总裁，提拔了3名事业部总监担任分公司总经理、选拔了5名业务骨干担任事业部总监。新管理层就任后，很快就稳住了杭州团队，维护了客户资源。

最终，原负责人没能带走元亨祥的任何一名员工，甚至她爱人的两个姐姐都不愿离开。我想，对于元亨祥的企业文化和品牌影响力，他们有自己独立的判断。原负责人高估了自己的实力，低估了元亨祥的文化凝聚力。

在不费一兵一卒平息风波后，彻底清除了隐患，元亨祥的渠道转直营战略步入正轨，开始组建自己的销售团队。

这场与宁波和杭州团队的较量虽然有惊无险，但也让我们心有余悸。事件的发展印证了我当初的判断：杭州团队与宁波团队负责人沆瀣一气，如果不及时规范管理、形成合力，势必酿成不可估量的损失。而以渠道方的行事风格，如果我们没有步步为营、坚决果断的举措和手段，相当于把认真做事、守规矩的员工推向火坑。

另一方面，如果没有及时清理合作渠道，规范经营、统一管理，宁波和杭州的募资规模必将持续无序扩张，以他们的唯利是图，到2018年资管行业面临爆雷风潮时，渠道埋下的“雷”很可能将元亨祥“炸”得粉身碎骨，我们就很难自救，后果不堪设想。现在想起来，我非常庆幸当初的决策。

稳健发展是我们始终保持的状态，这一阶段，在消除团队隐患的同时，我们还在安全兑付方面积极创新，为稳健发展保驾护航，让元亨祥这艘船行稳致远。

6.2 按期兑付，实现“T+1”

安者，静也。[1]元亨祥这艘航船在大海中远航，水平如镜。但我深知，承载元亨祥的“水”是我们的投资者们，“水能载舟，亦能覆舟”，安全兑付则是保持水面平静、波澜不惊的基础。对元亨祥而言，安全兑付是公司经营的首要任务。我们强调“安全性原则”，安全经营是企业固本强基、稳健运行、持续发展的基础，而安全兑付则是我们对投资者负责、保持稳健经营的重要环节。元亨祥成立以来，保持了零违规、零违约、零亏损的纪录。自元亨祥发行的首只基础设施投资基金于2013年11月21日到期，

[1] 引自东汉·许慎《说文解字》。

截至2017年3月31日，元亨祥已累计向投资者兑付652期。在动荡的市场环境中，元亨祥牢牢地守住安全兑付底线，获得了越来越多投资者的信任。

子曰："人而无信，不知其可也。"[1] 按期兑付是元亨祥的徙木立信。元亨祥不仅要立信，更要不断消除隐患，才能不辜负投资者对我们的信任，为此，我们经历了很多不为人知的艰辛，有时甚至是惊险。

为了让员工和投资者更加放心，我痛下决心，推动改革，将产品兑付期限由T+10改为T+1[2]。公司为了尽快实现T+1兑付，立即行动起来，元亨祥一贯反对拖拉作风，提倡雷厉风行的办事效率和真抓实干的办事效果，在十几天内就完成了准备工作。

对外，元亨祥优化与托管银行对接的流程，提前按照要求向托管方提交付款申请，预留审核时间。对内，我们进一步优化兑付工作流程，不放过任何一个可能影响T+1兑付的细节。

2017年4月30日，公司正式发出通知：为了进一步提升投资者体验，自2017年5月1日起，元亨祥基金实行T+1兑付，即在产品到期后的一个工作日内完成兑付。

通知一经发出，广受投资者们的欢迎，而元亨祥团队却有些担心。特别是直接与投资者打交道的理财师们，显得非常矛盾。他们

---

[1] 引自《论语·为政》。

[2] T+1 本质上是证券交易交收方式，使用的对象包括 A 股、基金、债券、回购交易。指达成交易后，相应的证券交割与资金交收在成交日的下一个营业日（T+1 日）完成。以此类推，T+10，就是指交割与资金交收在成交日的第 10 个营业日完成。

认为，虽然T+1是一件好事，过去可以在10个工作日内完成的兑付，现在只需1个工作日就能完成。但在合作方、银行方等诸多因素不可控的情况下，T+1兑付恐怕很难实现。一旦元亨祥无法兑现承诺，投资者的不满情绪就会直接发泄到他们身上，那时就会很被动。

公司向理财师们宣贯时的逻辑很简单：T+10兑付要求我们提前10个工作日准备兑付工作，而T+1兑付无非就是要求我们将兑付的准备工作前置，二者在本质上没有区别，既没有增加工作量，又没有损害任何一方利益。既然如此，那我们为什么不能提前准备兑付工作，为投资者提供更好的服务呢？

元亨祥转为T+1兑付的积极作用非常明显：

T+1兑付进一步证明了元亨祥的资金管理能力，有助于元亨祥成为同业标杆。

T+1兑付的做法可以大量节省业务人员的解释成本。以往我们的兑付基本上都在T+3、T+5的期限内完成，即便如此，理财师仍需要不断向投资者解释，为什么我们不能始终保持在T+3、T+5的期限内兑付，有投资者甚至因此对我们的兑付能力产生怀疑。

在T+1兑付模式实施后，越来越多的客户在兑付时就选择了继续投资元亨祥的同类产品或其他产品，续投率比起T+10时得到大幅提升。

T+1兑付提高了元亨祥的品牌美誉度，树立起稳健而值得信赖的品牌形象。何乐而不为？

项目方初闻T+1兑付的承诺时也颇感惊诧，经过我们的解释，很快就理解了提前兑付也有助于提升他们的品牌影响力，是双赢的举措。我们运用银行“授信”理念给合作伙伴吃下“定心丸”。授信原本指“商业银行对其业务职能部门和分支机构所辖服务区及其客户所规定的内部控制信用高限额度”。[1]元亨祥创新性地将授信理念应用于投资，遵循“标准明确、规模控制、达标准入、专款专用”的原则。我们根据自身的募集能力和合作方签订战略合作协议，确定投资规模，在授信规模和期限内，只要项目符合元亨祥的投资准入标准，我们就快速推进，但必须严格监管资金用途，保证专款专用，严禁“投新还旧”，大大提高了工作效率。

安全兑付是元亨祥的基本底线，要想做到实属不易，其中包含着元亨祥跬步千里的努力和坚守。总结元亨祥十年来的兑付经验，主要有以下五点：

第一是要优选项目，保证资金的投向合理，选择质量好、安全系数高的项目是安全兑付的基础。第二是要专款专用，不能挤占挪用资金。拆东墙补西墙的行为只会提高兑付风险，是元亨祥所不为。第三是要期限匹配，即投资期限与项目期限完全匹配，这样才能保障产品的按时兑付。第四是建立授信制度，提升与项目方合作的稳定性和灵活性。第五是建立兑付准备金制度。元亨祥和项目方分别设立兑付准备金，为安全兑付设置了第二道防火墙。

前三项是我们按照监管要求必须坚持做到的，已经成为元亨祥稳健发展的基石；后两项则是我们在长期的实践中，通过不断的

[1] 引自中国人民银行 1996 年 11 月 11 日颁布实施的《商业银行授权、授信管理暂行办法》第六条。

磨合与沟通，坚持创新形成的成果。稳健发展是元亨祥的根基，是我们安身立命的底线；坚持创新是元亨祥的活力，是我们砥砺奋进的动力。稳健发展，是元亨祥基业长青的前提；坚持创新，是元亨祥开拓进取的源泉。

T+1兑付虽然对内部管理提出了更高的要求，带来了更大的挑战，但是可以让投资者更加安心，大大加强了投资者对我们的信任感，相信我们不仅有实现安全兑付的实力，还具备在到期第一时间就进行兑付的从容不迫。长期的安全兑付让元亨祥获得了稳健发展的窗口期，在动荡的市场中积蓄力量，保持了可持续发展的势头，也有了越来越足的底气，在风起云涌中波澜不惊。

6.3 拓业务新领域，创“家办”新服务

元亨祥在保证传统业务安全运行的同时，为了实现可持续发展，始终居安思危，不断开辟新的业务领域，寻找新的增长点，两条腿走路，布局差异化业务，以避免在红海领域未来可能出现的恶性竞争。

2016年，我便萌生了服务客户家族传承需求的想法，在运营财富缘VIP俱乐部和渠道转直营的过程中，元亨祥走近投资者，深入了解他们的各方面需求，并思考如何为他们提供量身定制的、超越财富管理领域的服务，如何更好地服务多年沉淀下的高净值及超高净值客户，更好地满足他们不断变化的需求。在与这些客户的交流中，我们发现家族传承成

为他们越来越迫切的诉求。这也是改革开放四十多年后，中国财富阶层普遍面临的课题。

“家族办公室”这一概念兴起于西方，通常是指拥有一定财富积累的家族为管理金融资产和其他事务成立的私人机构。家族办公室是负责家族的议事、参谋、决策、投资等一系列事务的专业机构。[1] 近年来，家族办公室在国内也成为炙手可热的财富管理新领域，银行等主流金融机构纷纷加入了竞争，毋庸置疑，“家族办公室”的市场潜力巨大。[2] 但如何才能通过家族办公室的形式服务好中国的富裕家族呢？

2018年，元亨祥成立了元亨泰富家族办公室（简称“家办”）。创立伊始，元亨泰富家族办公室聚焦在综合服务上，包含税务、法律、信托、保险等方面，其核心仍是财富管理咨询。但我们很快发现，这样的定位令家办提供的服务虽大而全，但不够垂直独特，未能凸显元亨祥家办的特色，因此很难在竞争日益激烈的家办市场中迅速抢占一席之地。如何探索一条独具特色的差异化经营之路？

越来越多的家族被“接班”问题困扰，这一客户需求的显著增

---

[1] 洛克菲勒家族是家族办公室的早期使用者，家族办公室对其财富和其他资源的管理为洛克菲勒家族基业常青做出了贡献。

[2] 据福布斯 2020 年的数据显示，全球亿万富豪的 9 万亿美元资产，近一半由家族办公室管理。麦肯锡 2021 年发布的《全球领先的家族办公室的成功之道》报告则显示，超过八成的家族正步入传承最重要的时间节点，中国未来 30 年将有 60 万亿财富传给下一代。目前国内的家族办公室总数仅有 2000~3000 家，近 80% 的高净值家族仍未使用家族办公室。

加引起了我们的思考。无论家族二代是否接班，在他们从儿童到成年的全生命周期内，都将面临教育、法律、健康、文化、财务等一系列问题。比如，有的家族二代在留学归国后不愿接手家族生意，就会产生家族投资咨询的需求；有的到了婚恋年龄，又有婚姻风险管理的需求；有的经营经验不足，就有经管教育的需求；有的已经传承了三代，有儿童国学私塾教育需求……种种新需求，都是家办业务需要深入思考、升级服务的方向。

从国学智慧的角度看，确保家族基业顺利传承的首要因素是文化，而不是财富。“道德传家，十代以上；耕读传家次之，诗书传家又次之；富贵传家，不过三代”，这是中国人自古对于家族传承的基本观念。中国古人认为，一个家族如果仅依靠财富传承，通常不能持久。相反，越是注重精神、文化方面承续的家族，越具有生生不息的传承韧性。

2018年，我们明确了秉承优秀华夏文化基因、用华夏智慧服务客户的家族办公司业务方向，以“华夏智慧，服务全球”为远景目标，以国学为梁柱，是把元亨祥家办做出特色的核心。关于家族传承，国学经典中早有论述，《孟子·离娄下》有云：“君子之泽，五世而斩。”其中的“斩”并非斩杀之意，而是表示中断，这是中华文化中对于家族传承痛点较早的描述。元亨祥要做具有中国特色的家族办公室，做真正适合中国人的传承机构，势必不能全盘照搬西方家族办公室的经验。我们要以传统文化为导引，以与时俱进的中国式家庭观、传承观、价值观统领家族办公室的业务。元亨祥家办业务始终以中国传统文化的精髓与新时代精神为指引，充分发挥资本赋能优势，打造“永续家业、守护家产、涵养家风、荣耀家族”的中国精英家族办公室，追求“华夏智慧，服务全球”。

“源浚者流长，根深者叶茂。”[1]元亨祥家办以客户为树叶，以服务为树干，以文化为树根。注重文化与精神传承，服务于中华民族优秀的企业家和超高净值家族。优秀传统文化孕育差异化、特色化的中华民族家办品牌形象，覆盖全球精英家族。元亨祥家族办公室业务以优秀传统文化为根基，将优秀的前人智慧加以总结、提炼，为客户提供更为多元化、更具传统文化特色的服务。

元亨祥家办为客户提供优秀传统文化的传承服务，实现“进德以修业”的君子之道。从仁义礼智信的智慧，到宫商角徵羽的韵律；从手眼身法步的矫健，到行草隶篆楷的风骨；从阴阳上去入的诗情，到焦浓重淡清的画意[2]，元亨祥家办将国学化为一次次具体的培训，一堂堂生动的讲座，供高净值人群自由选择。比如通过开设国学班，将中国古代优秀文化思想传递给下一代，开设“五常学习”培训班，学习《论语》《大学》等儒家经典作品，提升家族未来继承人的国学素养。通过开设书法艺术培训班、国画培训班培养家族企业未来继承人的艺术修养，有助于其更加深刻地理解中国

---

[1] 源浚者流长，根深者叶茂：引自唐·张说《起义堂颂》：“若夫修德以降命，奉命以造邦，源浚者流长，根深者叶茂，天人报应，岂相远哉。”大意为源头水充足水流就长远，树根扎得深树叶就茂盛。

[2] 仁义礼智信——儒家“五常”，宫商角徵羽——中国传统音乐“五调”，手眼身法步——传统武术“五法”，行草隶篆楷——书法“五体”，阴阳上去入——汉语“五声”，焦浓重淡清——国画用墨“五色”。

传统哲学思想，更加了解中国的商业逻辑和商业思维。通过开设传统武术培训班帮助未来家族产业继承人强身健体、磨炼意志。元亨祥家办开设易学培训课程，举办易学讲座，运用易学的思想，形成独具特色的企业文化，打造极具中国传统文化特色的企业经营哲学体系。积极营造“道”的氛围，为客户提供静心室、冥想室，定期讲授传统文化与人生哲学相关的知识，帮助客户实现精神层面的净化。

元亨祥家办结合公司战略转型方向，聚焦健康管理，运用国学生命智慧，充分发挥中医文化优势。通过与著名中医临床及科研机构合作，定制科学合理膳食，为客户提供健康饮食计划，养生从饮食开始；聘请中国名老中医为元亨祥家办客户提供定期中药调理方案，助力客户健康平衡状态，为家族健康保值增值；搭建中医康养特色小镇和推出旅游项目，提供体系化中医保健服务，以高超的传统推拿、按摩技法为元亨祥客户提升健康品质；开设元亨祥家办健康大讲堂，邀请名中医教授对元亨祥客户提供周期性中医文化和养生理论讲解。

此时，元亨祥对家族办公司的探索刚刚开始。随着公司战略不断聚焦，家族办公司业务也随之不断调整，持续创新，为客户提供更精准的服务，逐渐成为公司业务布局中的有机组成部分。

6.4 战略突围：“一基三养”

2018年，元亨祥处于发展的拐点上。虽然已经进入了创立后的第二个五年，实现了渠道转直营，进行了T+1改革，探索了家族办公司，但我们尚未找到业务的第二增长极，始终在探索。元亨祥最初首创了“白条变金条”模式，随后完善了“三函”等风控措施。这些是我们初入市场就取得成功的智慧资本。但我知道，这些智慧资本还不足以支撑元亨祥在第二个五年的可持续发展，因此我们早已未雨绸缪，开始规划元亨祥在战略上的“二次创业”。

2017年，我们提出了战略层面的“三个转变”，即从融资到投资、从债权到股权、从基建项目投资到园区开发投资。从融资到投资的转变对元亨祥提出了更高的要求，这需要我们从过去以产品开发引领发展的模式转向真正的价值投资领域。这考验的不仅仅是我们的产品研发能力，还有对产业未来发展的预测和洞察，其风险的性质也随之发生了根本性的变化。从债权到股权，意味着元亨祥业务的模式创新和丰富程度发生了根本性的变化。从工程项目投资到园区开发投资，元亨祥投资项目的复杂程度发生了根本性的变化。三个转变的背后是三个根本性的变化，我们必须进行一场坚决的战略突围。

2018年，传统政信类业务已经开始出现利润率、总规模“双降”的苗头。即便此前我们尚可在舒适圈中“躺平躺赢”，那么2018年的经营现实已经给我们敲响了警钟，再不坚决突围，恐怕用不了多久就会被动挨打、身陷困境了。

在我看来，元亨祥已经没有退路，必须尽快明确突围的方向。2018年9月，结合“三个转变”的战略转型，元亨祥正式提出“新型城镇化投资运营商”的战略定位，以“生态文明城镇投资运营专家、生态文明企业经营管理智囊、生态文明人才成长成功殿堂”为经营定位。

“新型城镇化投资运营商”重新定义了“元亨祥是谁”的问题。创业之初，我们定位为“产品供应商”，仅仅专注于资管产品的研发，并不开展其他业务。在战略聚焦过程中，我们还曾经提出过“生态文明产业链服务商”的定位，但究竟提供什么服务？在何种产业链上提供服务？尚未思考清楚、表达明白。最终我们发现，随着企业的不断发展，能力的不断提升，我们在新型城镇化领域积累了大量的经验和资源。对新型城镇化领域的认知是元亨祥的吃饭本钱，是企业发展的核心专业能力，元亨祥以此为能力基石，打造生命健康产业生态圈，构建服务民生发展的产业格局。因此，我们才决定向行业上游进军，在升级为“投资运营商”的同时，赋能传统业务的合作伙伴，从“要饭吃”到“做饭吃”，这样才能突出重围，实现可持续发展。从“产品供应商”到“产业链服务商”，再到“投资运营商”，元亨祥对战略定位的升级变得越来越务实、越来越清晰。

既然明确了战略突围的方向，下一步就必须为社会各方讲清我们在产品层面的相应变化。

2017年，在经历了大量的市场调研、战略咨询，并结合自身既有特点进行了深入分析思考后[1]，我们把主要的投资目标锁定在了“大基建、大康养、大文旅”领域。在2018年困难重重的环境下，我们坚持与咨询公司合作，静下心来对元亨祥的产品定位进行全面梳理。在“大基建、大康养、大文旅”的基础上，究竟应该如何从产品的角度出发，向外界直观地描述元亨祥做什么、怎么做。

“大基建、大康养、大文旅”是三个重要的行业领域，但元

[1] 自 2013 年 9 月，国务院印发《关于加快发展养老服务业的若干意见》，敲响了康养产业发展元年的钟声。从政策层面，支持社会力量举办养老机构。各地政府纷纷出台配套政策，在资本金、场地、人员等方面，降低社会力量举办养老机构的门槛，民营康养机构得到了初步迅速发展。随着 2018 年底修订的《中华人民共和国老年人权益保障法》取消了养老机构设立许可，建立了备案制度，康养机构的发展又迎来了一个新的高潮。加之期间，我国老年人口数量从 2012 年年底的 1.94 亿人增加到 2021 年年底的 2.67 亿人，人口老龄化持续加速，康养市场不断扩大。但是，目前我国康养产业的品牌集聚度还非常有限，大宗收并购事件多发生在 2019 年之前，这意味着对于产业投资而言，康养产业仍是一片蓝海。

亨祥具体能在其中发挥怎样的作用？作为“新型城镇化投资运营商”，我们又该投资什么？运营什么？就此，团队和咨询公司一起开展了深入的研讨，大家提出了各种各样的意见和建议，但始终没有形成令人满意的定论。

在一次与咨询公司共创共建的“头脑风暴”中，我谈到“大基建”是元亨祥的核心业务，而在“大康养”“大文旅”领域，团队曾经从不同角度提出了很多业务发展方向。我从逻辑上梳理了这些业务的分类，无非可以分为老龄化社会下的养老服务、身体健康服务和文化教育服务三大板块，于是我抛砖引玉：是不是可以用“养老、养生、养智”来概括这三大领域，加上“大基建”，简称“一基三养”。大家纷纷表示赞同，“一基三养”的产品定位就此确定下来。

2018年，我们在战略层面和产品层面完成了顶层设计，实现了战略突围，做好了第二个五年企业应如何发展的战略准备。2018年10月，我们首次创新备案发行了太平洋建设股权投资基金。此前，元亨祥只发行过其他公司的股权投资类基金，但与太平洋建设的股权合作还是第一次。这也标志着元亨祥迈出了“债权转股权”的重要一步。

“天行健，君子以自强不息”是元亨祥人的座右铭，越是在艰难的情况下，越能体现这一核心企业文化对我们的激励作用。面对逆境，元亨祥没有怨天尤人，而是勇于创新、战略突围。

没有想到，2018年我们面临的经营环境远比预期复杂得多，资管行业的寒冬就要来了……

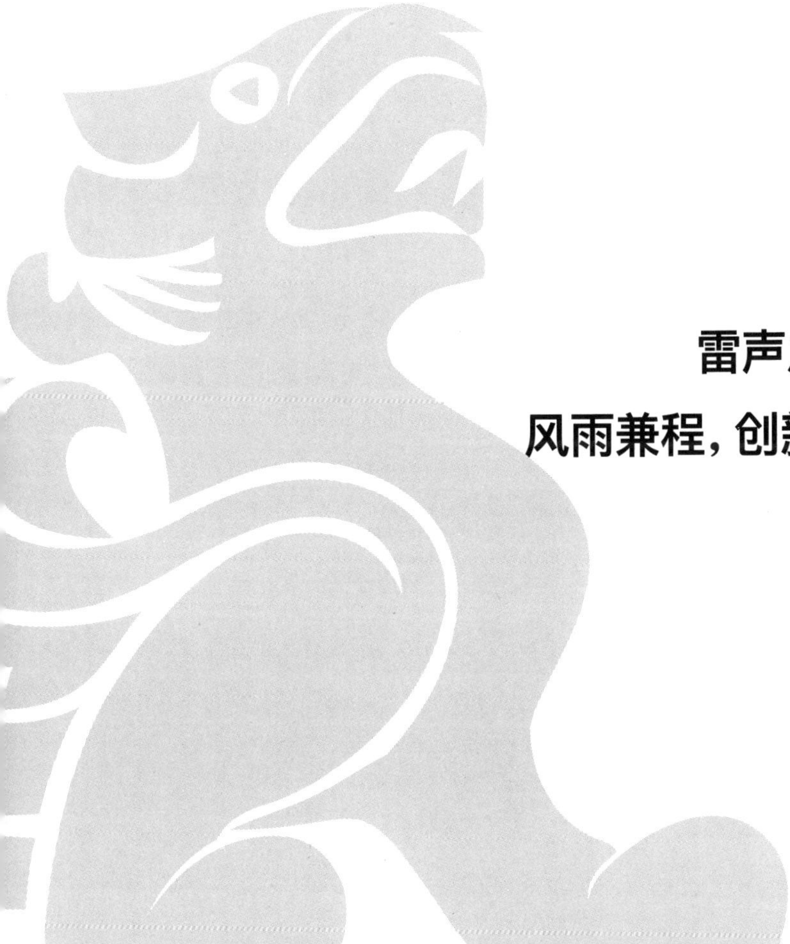

第七章

雷声之下：风雨兼程，创新求变

7.1 别人“跑路”，我们“修路”

2018年上半年，证监会对453家私募机构开展了专项检查，发现139家存在违法违规问题，其中10家涉嫌非法集资、挪用基金财产、从事损害基金财产和投资者利益等严重违法违规行为；48家存在开展资金池业务等违规运作行为；200家存在内控不健全、兼营与私募基金无关业务等不规范问题[1]。

从2018年6月下旬开始“雷声滚滚”，几乎每天都能看到P2P公司爆雷的新闻，资产管理行业陷入

[1] 数据来源：2018 年 10 月 12 日《中国证券报》，《年度私募基金专项检查完成 139 家私募机构存在违法违规行为》，2018 年 10 月 12 日。

“至暗时刻”，行业内风声鹤唳、惶恐不安，投资者信心受到严重打击。眼看行业内一家家公司轰然倒下，元亨祥也感受到了前所未有的压力，我们每天睁开眼睛就要面对投资者的疑问、理财师的追问，正可谓“别人‘感冒’，我们‘吃药’”，公司业务面临严峻挑战。

这不禁让我们联想到了“炉边谈话”[1]。1933年，时任美国总统富兰克林·罗斯福面临经济大萧条[2]的困局。他以直接、亲切的方式，通过广播向民众进行宣传，以简短的谈话，化解长期郁结在人们心中的疑团和不满，对提振信心、缓和金融危机起到了积极作用[3]。

投资者的信心比黄金更重要。受到这个故事的启发，艰困时刻，我鼓励大家践行“自强不息，厚德载物”的元亨祥精神，“不放弃、不抱怨”。我们无法改变大环境，只能专心做好自己的事，脚踏

[1] 1933 年 3 月 12 日罗斯福在总统府楼下外宾接待室的壁炉前接受美国广播公司、哥伦比亚广播公司和共同广播公司的录音采访，工作人员在壁炉旁安装扩音器。哥伦比亚广播公司华盛顿办事处经理哈里·布彻说：既然如此，那就叫“炉边谈话”吧。炉边谈话因此得名。从1933 年第一次谈银行问题，到1944 年第五次谈战争筹款运动，“炉边谈话”长长短短共 30 次，不仅把美国带出了大萧条，更将美国真正带入现代化社会。

[2] 1933 年 2 月，美国银行系统开始崩溃，各州银行成批地倒闭，全国银行库存黄金不到 60 亿元，却要应付 410 亿元的存款，银行门前人山人海，挤兑风潮遍及全国。

[3] 在第一次炉边谈话后第二天，部分银行就恢复了营业，人们携带着装有黄金和货币的大箱小包，在银行门前排起长龙，把挤兑的通货重新存回银行。不出一周，就有 13500 家银行恢复营业，交易所也重新响起了锣声。

实地改变能改变的事。刘闪首先提出：**与其纠结“别人‘感冒’，我们‘吃药’”是否公平，不如“别人‘跑路’，我们‘修路’”，主动作为**。对此我非常认可，团队在第一时间没有怨天尤人，而是用实际行动完美诠释了“舍我其谁的担当”。

态度决定速度，能力决定效率。通过“三个走进”“高管面对面”“十二道风控”等主题活动，刘闪带领团队迅速主动走出去，与投资者零距离交流，讲解元亨祥的风控逻辑，传递安全稳健、合规发展的经营理念，引导投资者了解市场、把握机会，为投资者重建信心之路。

在此期间，我们不仅保持了“三个走进”——每月一次“走进元亨祥”，两月一次“走进太平洋”，每季度一次“走进项目地”的传统，而且提高了频率，与投资者保持更密切的交流。邀请客户走进元亨祥现场考察，感受公司真实的工作场景和员工状态；走进太平洋建设的总部，了解元亨祥最重要的合作伙伴；走进项目地，带领投资者实地考察元亨祥的投资项目。看到自己的投资变成一条条蜿蜒的公路、一座座宏伟的桥梁时，投资者们不仅增强了信心，更感受到与元亨祥一起共同助力乡村振兴、城市发展，携手完成了一件件意义非凡的事情。我们还创新了云上“走进项目地”，邀请项目方负责人“云见面”，通过直播让投资者和项目方在网上直接进行交流，让更多人第一时间了解项目地的真实情况，把信心之路修得更远、更宽。

刘闪带领团队在上海、杭州、宁波、南昌等地马不停蹄地开展

“高管面对面”活动，通过一场又一场“炉边谈话”，耐心细致地解答投资者心中的疑惑，以真诚的态度传递元亨祥“没有万一，只有唯一，安全第一”的风控理念，向投资者解释元亨祥产品的底层逻辑和募、投、管、退各个流程，如实向他们展示风控流程等文件。团队还向投资者科普了很多实用技巧，比如辨别应收账款和担保函的真伪等。有的投资者通过在“高管面对面”中学到的技巧，成功识破了骗局，真正做到了防患于未然。

团队还制作了“十二道风控”系列图文和视频内容，通过公众号、视频网站等线上渠道发布，以生动形象的方式，宣传元亨祥的风控理念。团队开动脑筋精心制作了《“漫”解风控》系列动画短片，以大家喜闻乐见的方式，详细介绍了元亨祥的项目准入、立项审议、尽职调查、风控审议、产品创设、投资决策、发行审核、产品备案、投资审批、投后管理、项目退出、产品清算等十二道风控流程。投资者看完这套动画短片，就能够完整理解我们的全流程风控体系。为了帮助投资者记忆并掌握每一个环节的要点，规避投资风险，团队特意总结了“风控七字诀”，比如在“风控审议”环节：“组建专业风控会，内外专家聚智慧。资料会前须预审，会中质询有反馈。会后调研保权威，排除风险必到位。”这样一来，投资者就可以更直观易懂地了解从会前、会中到会后的风控会内容。

元亨祥每周举行系列活动，始终保持按期兑付，种种努力都是在逆境中为投资者“修路”的具体举措。在动荡不安的市场环境下，稳定投资者的信心就是最大的收益。多措并举下，我们逐渐打消了投资者的顾虑，维护了良好信誉，很快稳住了基本盘。

“思路决定出路。”在投资者信心普遍受损时，“三个走进”“高管面对面”和“十二道风控”是由元亨祥的思路决定的出路。元亨祥主动“修路”，在投资者心中留下了珍贵的无形财富，未来的发展之路终将越走越宽……

7.2 叩开备案“玻璃门”

自2015年中央经济工作会议首次提出“三去一降一补”[1]五大任务起，去杠杆就成了防范金融风险的重要手段。监管机构加强整顿规范私募基金产品备案是金融领域“去杠杆化”[2]的大势所趋。在这一背景下，2018年1月，中基协发布《私募投资基

[1] “三去一降一补”：指去产能、去库存、去杠杆、降成本、补短板，是推进供给侧结构性改革的五项重要任务。2015 年 12 月 18 日至 21 日，中央经济工作会议在京举行。会议提出，2016 年经济社会发展特别是结构性改革任务十分繁重，战略上要坚持稳中求进、把握好节奏和力度，战术上要抓住关键点，主要是抓好去产能、去库存、去杠杆、降成本、补短板五大任务。

[2] 去杠杆化：指用股权融资代替债权融资作为企业融资的主导方式乃至唯一方式。

金备案须知》，首次明确了不属于私募基金范围的三种情形[1]，进一步指出私募基金的投资不应是借贷活动，不符合“投资”本质的经营活动不属于私募基金范围。2月12日起，中基协不再办理不属于私募投资基金范围产品的新增申请和在审申请[2]。6月，中基协开始着手起草新版《备案须知》，经过多次修改完善，直到2019年底才正式出台。在这一年多的时间里，备案工作近乎停滞。

中基协私募基金产品备案大门突然关闭，整个私募基金行业都处于彷徨和观望之中。元亨祥传统的资产管理业务难以为继，存量项目虽然还在正常运行，但新项目的备案却迟迟无法通过审查，传统业务面临着退出历史舞台的命运，这意味着如果不能及时创新，未来业务经营将无法展开。

元亨祥此时正经历“债权转股权”的战略转变，与中基协沟通后，经历了一段时间的等待，新产品备案仍然没有进展。我决定前往北京，向中基协领导当面汇报元亨祥的业务模式和未来规划。如果我们的产品模式确实不符合目前监管的要求，我也希望能得到

[1] 《备案须知》明确指出：私募基金的投资不应是借贷活动，下列不符合“投资”本质的经营活动不属于私募基金范围：第一，底层标的为民间借贷、小额贷款、保理资产等《私募基金登记备案相关问题解答（七）》所提及的属于借贷性质的资产或其收（受）益权；第二，通过委托贷款、信托贷款等方式直接或间接从事借贷活动的；第三，通过特殊目的载体、投资类企业等方式变相从事上述活动的。

[2] 此后的 2018 年 4 月，《关于规范金融机构资产管理业务的指导意见》（下称“资管新规”）正式落地，随后，商业银行理财业务等多个配套细则征求意见稿推出。“资管新规”要求银行理财合作机构应是专业金融机构或银保监认可的其他机构。业内多认为，私募基金身份定位不明确，可能不属于金融机构，担心未来能否继续与银行合作。

一个方向性意见，以明确元亨祥未来业务调整的方向。我们向中基协发送邮件，很快确定了前往北京汇报的具体时间。

2019年1月22日深夜，我带领元亨祥团队抵达北京。第二天一早，我们从北京金融街附近的住地步行出发，前往中基协办公地点。我走得很快，心里很是坦然，但看得出来，同行几位同事的神色中多少有些紧张。

在金融大街20号9层会议室，中基协四位领导的态度十分谦和。经过简单寒暄后，我开门见山地向领导汇报了元亨祥创立以来的业务模式、发展战略、转型路径和未来规划等情况，特别说明了我们的备案暂时无法通过，希望领导给予指导，为元亨祥未来的发展指明方向。

中基协领导在听取我们的汇报时非常认真，不时提出具体问题，我们认真如实回答。我们非常迫切地想知道中基协未来的监管方向和具体政策，领导没有具体答复。我主动提问：最近我们了解到有一支基金产品通过了备案，不知道这种方式是不是未来政策所鼓励的？他们未置可否。我接着说，其实这种模式风险很大。领导听到这里很感兴趣，让我给出具体理由。我说："这支基金产品是以基建工程中的建材采购为基础逻辑，但其中很多细节，如发票、出库单和材料款占比都不符合建筑行业的常识。"领导很重视我们的专业建议，事后让我们提交一份详细材料。

通过将近两个小时的汇报，中基协领导对元亨祥有了较为全面的了解，让我们随时关注监管政策的变化，坚持依法合规经营，回去等消息。

中基协领导看似随意提问，实则环环相扣。如果我们不是扎扎实实做到了合规经营，汇报时实话实说，就很难回答领导的问题。我在元亨祥总是强调："风控合规要真心。"只有用自己的真心，才能换来问心无愧。

《六祖坛经[1]》中说："一切般若智，皆从自性而生，不从外入。莫错用意，名为真性自用。'一'真，一切真。"禅宗义理艰深，但从企业风险管理的角度，我对其有着自己的解读：坚持此心不动。元亨祥之所以从来不害怕监管，而且总是主动拥抱监管，原因就是我们从来都以"真"的标准审视自己，也就不害怕被检查。

回到上海后，很快迎来2019年春节假期。我们始终没有收到中基协关于备案进展的任何反馈。但就在春节放假后复工的第一天，合规部门负责人打开电脑，登录电子邮箱，发现了一封来自中基协的邮件，要求元亨祥立刻提交一份关于北京汇报内容的详尽文字材料。这样的要求通常意味着对企业重新进行产品备案的开始。如果资料审核能够顺利通过，那么已经关闭许久的备案"玻璃门"，就有可能重新对新产品打开。

留给我们准备资料的时间只有一天。刘闪带领产品研发部、风控合规部和行政运营部的同事立刻着手准备各类资料。胡志成等几位员工从早晨上班一直加班到次日凌晨。他们差不多每个小时都要与我通一次电话，汇报资料汇总的实时进展。我也和他们一样，彻夜无眠，不断提出完善修改资料的意见。

---

[1]《六祖坛经》是禅宗的主要经典之一，内容主要记录禅宗六祖慧能的言论。

看到了备案重启的曙光，员工们的干劲格外高涨。春节刚过，上海的夜晚仍旧十分寒冷，陆家嘴的写字楼在夜间关闭中央空调，因此，元亨祥办公室夜里的温度很低。就是在这样的环境下，他们彻夜奋战，直至凌晨时分。当他们最终完成资料汇集工作起身离开公司时，陆家嘴的第一缕阳光已经缓缓地在东方出现。与此同时，希望也在每一个参与备案会战的元亨祥人心中重新点燃，充满温暖和力量……

不久，这次彻夜准备的资料就顺利通过了中基协审查。由于监管政策和新版《备案须知》的不断调整，虽然新产品的备案仍然延迟了一段时间，但此次汇报和资料提交为元亨祥产品重新备案奠定了坚实的基础。2019年7月，元亨祥新产品顺利备案通过，备案“玻璃门”终于被元亨祥人的专业和努力叩开。

在监管进一步规范的过程中，元亨祥人把住底线、守住真心，以审慎乐观的态度坚定前行，不仅排除了在业务上遇到的阻碍，还以专业的素养得到了监管部门的认可，最终顺利通过了备案。孔子在《论语》中说：“躬自厚而薄责于人，则远怨矣。”我对元亨祥人的要求也是如此。当面临着不可改变的外部困难时，我们首先不要抱怨，而应该诚恳接受。**面对问题、解决问题，所有的问题都不是问题。面对问题、回避问题，所有的问题都是大问题。**

我们为一直以来的依法合规经营而感到庆幸。元亨祥坚持合规备案产品，使得我们在全行业都面临备案受阻的时期，仍一直有规范化的产品在正常募集，这才保障了公司的正常运营。如果当初没有对合规经营的坚持，元亨祥或许很难迈过这道坎，有可能在新产品获准备案之前就难以为继了。

在此期间，我们始终保持安全兑付的底线，在存量产品的募、投、管、退过程中，沉着应对风险、不负使命、兑现承诺，真正做到了让投资者安心。此时行业草木皆兵的状况仍未得到全面扭转，投资者依旧对爆雷潮心有余悸，一旦兑付出现瑕疵，都可能引发不可挽回的后果。不少同行都遇到过因兑付稍有延迟，导致高度敏感的投资者网上发帖、上门质问，甚至到托管银行直接询问是否到款的情况，由此掀起舆论危机，致使公司倒闭的情况屡见不鲜。

2019年6月，在元亨祥二季度兑付投资者收益过程中，项目方账户有额度限制，兑付款项到账较晚。托管银行是按照到账先后顺序向投资者划款的，以至直到兑付当天17时银行大额系统关闭，仍未完成投资收益兑付工作。此次的兑付工作涉及100多位投资者的切身利益，我批评财务经营中心办事不力，要求他们立即前往银行，向托管银行说明兑付的重要性，无论通过什么方式都必须在当天完成兑付，否则就不能下班。财务人员火速赶往银行，“堵住”了主管划款的工作人员，在托管银行的支持下，元亨祥以单笔5万元的小额转账上限额度，一笔一笔地进行转账，终于在当天晚上完成了所有的兑付工作，实现了按时兑付、绝不拖延的承诺。

专业的人做专业的事，承诺过的事我们无论如何也要兑现。元亨祥人的专业和诚信在备案遇阻、爆雷频繁的关键时刻，帮助我们守住了合规经营的底线，渡过了难关。

7.3 首创经营新模式：1+N+IOEPC

2019年，随着我们推出合规经营、拥抱监管等一系列措施，投资者慢慢恢复信心，行业爆雷的影响逐渐平息，产品备案工作也陆续回归正常，元亨祥的战略聚焦得以继续推进。在2018年的战略突围中，我们明确了“新型城镇化投资运营商”的战略定位，提出了“一基三养”的产品定位，沿着这一思路，团队凝心聚力，在战略层面不断自我追问，在产品层面持续细化落地。

“基础建设工程”和“养老、养心、养智”的定位虽然明确了产品的大致方向，但仍不够具体，经过不断调研和打磨，我们于2019年提出了“一市三镇”，即元亨祥产品将聚焦“市政工程、康养小镇、文旅小镇、教育小镇”。2020年又在此基础上升级为“一园三镇”，即“健康产业园、康养小镇、文旅小镇、教育小镇”。从“一基三养”经历“一市三镇”到“一园三镇”，元亨祥逐步强化了地方政府、业务伙伴对我们作为专业投资机构的认知。提到基建，很多人都认为这一行业准入门槛低、竞争激烈，地方政府也总认为这类公司都是来要工程的，这和元亨祥的品牌定位不符。提出“一园三镇”后，产品定位与公司整体战略的匹配程度更高，行业认同度也更高了。

在战略层面，我们继续追问作为“新型城镇化投资运营商”究竟应该投资什么、运营什么的问题。新型城镇化是国家战略，无论是特色小镇建设还是产业园区建设，都有大量的投资需求和产业运营需求。从2017年起，元亨祥就开始思索特色小镇建设中出现的问题，以及我们能发挥怎样的作用。我们认为，作为“投资运营商”必须一改单纯提供投融资服务的形象，多方面为地方经济发展、产业导入、幸福生活助力。地方政府对园区、小镇开发提出了更高的要求：既需要资金投入，也希望园区项目的承接方能够提供规划、建设、营销、产业引入和产业运营等多方面的综合服务，保障园区不仅有房有楼，还有产业、有企业、有就业、有人气、有税收。

在这种情况下，我们结合战略定位和产品定位，提出了一种全新的商业模式，具体表达了元亨祥将通过何种路径成为优秀的“新型城镇化投资运营商”：

2019年元亨祥在原创的IOEPC模式基础上，将商业模式升级为“1+N+IOEPC”模式。“1+N+IOEPC”模式中的“1”指元亨祥作为专业投资机构的资本运营能力，可以为拟投项目提供资金综合解决方案；“N”指元亨祥可以整合生态圈优势资源，能够帮助地方政府导入产业，形成规划、投资、建设、运营的整体解决方案，从而在项目建设初期就启动招商引资。“1+N+IOEPC”回答了围绕“新型城镇化”这一核心投资领域，元亨祥投资什么、运营什么的问题。元亨祥不仅拥有“1”个核心能力，即作为专业投资机构的资本运营能力，还应具备优秀而扎实的资源整合能力和产业运营能力。

“1+N+IOEPC”模式的本质是为合作方提供更为全面的整体解决方案，目的是提升我们的综合服务能力，从而不断加强元亨祥的市场竞争力。整体解决方案将贯穿项目的全生命周期，涵盖项目策划、投资管理、规划设计、融资建设、市场营销、运营管理等全流程。

从基建项目投资到园区开发投资，是从过去的单一基建项目拓展为园区整体建设的项目包，其复杂程度和复合程度均大大提升。这也决定了元亨祥必须具备比过去更强的资源整合能力，具备提出整体解决方案的综合优势，这样方能获取产业园区整体开发项目。

元亨祥在对“1+N+IOEPC”模式的实践过程中，通过对片区项目的整体打包开发，满足了地方政府在基础设施投资方面的需求，又不会给地方政府带来显性或隐性债务风险，解决了项目建设中违规举债的问题。该模式以“政府引导、企业主导、社会资本参与、市场运营”为原则，通过对项目的规划、甄别和筛选，科学匹配基础设施投资项目与经营性投资项目的投资比例，从而达到项目投资方的自主平衡要求，最终推动片区的整体开发，为地方经济注入活力、为政府创造社会效益、为企业带来经济效益，真正实现“风险共担、利益共享”的目标。

“1+N+IOEPC”是元亨祥十年发展史中一次关键的商业模式创新。**通过投资建设运营一体化，助力区域经济高质量发展，促进产业、商业、事业的繁荣，人口、人气、人才的聚集，生产、生活、生态的提升**。因此，我们在2017年提出的“三个转变”基础上，将元亨祥战略转型任务丰富为“五个转变”——“从债权到股权、从融资到投资、从非标产品到标准产品、从基建工程到园区开发、从金融投资到产业投资”。

随着1+N+IOEPC商业模式的推出，市场被我们打开，项目源源不断，许多地方政府主动邀请我们考察合作。2020年10月，张岚带领团队受邀前往广西崇左市扶绥县[1]考察，开始与当地城投公司对接，他们对元亨祥的投资方案颇为认可，双方很快达成了融资合作。了解到元亨祥专注“一园三镇”，城投公司向我们介绍了扶绥高铁片区、青年产业园铜循环生态科技示范园、国际慢城等项目的基本情况，作为未来合作的选择。

[1] 扶绥县位于广西壮族自治区西南部，南宁市西面，崇左市东部。全县行政区域面积 2841 平方公里。2013 年 4 月，中国老年学学会授予扶绥“中国长寿之乡”称号。扶绥交通区位优势明显，紧邻南宁吴圩国际机场，地处南宁半小时经济圈、北部湾经济区、西江经济带和桂西资源富集区交汇点，交通便捷，具有近首府、近机场、近边境、沿左江、沿铁路、沿高速公路的“三近三沿”优势。

元亨祥对扶绥项目很感兴趣，希望能在这里首先实践“1+N+IOEPC”商业模式。扶绥县距省会南宁仅半小时车程，高铁贯通后，高铁片区将成为当地的热点区域，承接来自南宁的文旅消费力。其中首期1000亩的高铁片区项目与元亨祥投资方向契合，同时项目配套的基建工程也比较多，符合元亨祥赋能合作伙伴的要求，我们从中看到了在园区开发项目中的机遇。

在扶绥，我们最终选择了从单个项目做起。“1+N+IOEPC”是灵活的商业模式，既可以用于整个园区建设，也可以用于园区中的单个项目。团队整合“N”方资源，介绍券商为项目做评级，引入合作方编制整体规划，引入合作伙伴进行基础设施建设。

对扶绥项目的尝试只是我们对“1+N+IOEPC”模式的初步探索，努力践行“新型城镇化投资运营商”定位。在转型方面，我相信“欲速则不达”，尊重事物发展的客观规律，就是顺应天道。

“短绠不可以汲深，器小不可以盛大。”[1]为了实现战略聚焦，元亨祥这个“器”必须做出相应的调整。其间，元亨祥先后成立了基础设施事业部、新城镇事业群和基础设施事业群，在组织架构上进行了大胆的调整和探索，吸纳了一批跨行业、跨领域的人才。元亨祥面临着再一次重塑，我期待公司发生质变，以承载新经营战略的落地实施。

从推动战略升级到搭建专业团队，元亨祥的转型在2019年获得了稳步促进。除了在产业运营方面的努力，元亨祥传统的资产运

---

[1] 引自《淮南子·说林训》。

营业务在特殊的2019年不仅维持了正常运营、取得了稳健发展，而且由于进行战略升级和持续安全兑付，业绩逆势上扬，同比增长了10%。

第八章

危中掘机：

降存量，拓增量，控风险，保安全

8.1 同心战疫，同舟共济

在经历了2019年的商业模式升级后，正准备加速发展的元亨祥却不得不放慢了脚步。

2020年春节前夕，新冠疫情尚未在全国范围内引起重视，大家都沉浸在迎春纳福的喜庆氛围中。

1月22日，正值春运高峰，人员流动频繁，武汉市发布提示，要求春节前后市民“非必要不离汉，非必要不入汉”。我预感到形势严峻，这次疫情非比寻常，上班后立刻拨通了常务副总裁杨丽娜的电话，让她马上了解家在湖北或返乡途经武汉的员工情况，建议他们暂缓返乡，留在上海就地过年，安排他们集体吃年夜饭。

1月23日是公司春节放假的第一天，在返回老家的路上，我得知上午10时武汉正式关闭离汉通道。当天中午我抵达南昌，发现超市里出现了抢购现象，更觉得不对劲。我马上联系杨丽娜，让她立刻取消春节外出计划，并通知公司所有高管尽快安排返程，正月初三前全部回到上海。

1月24日除夕当天，上海启动了重大突发公共卫生事件一级响应机制，农历鼠年在全国抗疫的大背景中拉开帷幕。我虽然身在南昌，但心里一直对上海的疫情发展放心不下，又担心疫情导致返沪困难，影响公司经营，在忐忑不安中草草过了年，于大年初二清晨立即启程返回了上海。

疫情就是命令，初二晚上公司高管团队在线上召开紧急会议。**为了稳定军心，公司提出了应对疫情影响的“三不”原则，即“不裁员、不降薪、不停发”**，元亨祥同心抗疫的战斗就此打响。各部门、各分公司的元亨祥人同舟共济，上演了一幕幕“居家隔离不隔心，居家隔离不停工”的感人故事。

由于信息不畅，社会上谣言四起、满城风雨。我曾亲身经历过2003年“非典”疫情，相信国家一定会采取有力措施积极应对疫情。对此我充满信心、心里踏实，然而一些年轻员工社会阅历较浅，感觉惴惴不安。大年初二晚上，元亨祥成立了“战胜疫情临时宣传小组”，由刘闪担任组长，要求小组所有成员电话保持24小时畅通，非必要不得离开上海。刘闪带领团队通过微信公众号科普疫情防控基本知识，帮助大家正确认识疫情，不间断发布疫情最新动态、宣传战疫英雄事迹，防止不安情绪蔓延。

一夜之间，平常1元/只的口罩价格飙升至5元/只，酒精、消毒液等消杀用品突然抢购一空、供不应求。在这种情况下，我首先想到的是必须保障员工在疫情期间的安全，公司应该提前购买防疫物资。于是我们立即通过各种方式联系物资采购渠道，由杨丽娜落实采购工作，担任物资保障小组组长。

杨丽娜自从回到上海便不分昼夜地落实采购任务，由于物流不畅，联系到卖家后，她义无反顾地开着私家车一趟趟往返，采购防疫物资，分发给在沪员工，快递给各地分公司、投资者与合作单位。在市场断货的情况下，元亨祥想尽一切办法、克服重重困难，向江西省南昌市新建区教育局捐赠了12000只口罩，为新建教育局打赢疫情防控战尽了一份力。一包口罩虽然很轻，但带去了我们的一份情谊；一瓶消毒液虽然不多，但代表了我们的一份惦念；一瓶酒精虽然不贵，但蕴含的这份心意弥足珍贵。在这个共克时艰的特殊时期，我希望元亨祥能以自己的一点点微光，传递疫情中人与人之间的信任与关爱。直到现在，很多投资者回顾疫情之初，还会对那些防疫物资念念不忘，感怀与元亨祥之间超越投资业务关系的那份情谊。

春节假期结束后，疫情更加严重，元亨祥按照要求安排全员居家办公。但由于事发突然，相关设备和资料还锁在公司，按时发放工资遇到了实际困难。为了兑现疫情期间“不停发”的承诺，消除员工的疑虑，让大家安心，人力资源和财务部门的同事们立刻行动起来。

2月10日中午，元亨祥人力资源中心负责人前往公司，打包好发放工资所需物品，包括电脑、网银K令和薪酬资料等，分别送到负责薪酬结算的两位员工家里，晚上他继续加班加点，审核工资发放表单。

随后，财务负责人主动担当，冒着被感染的风险，开车前往公司，将线上支付必需的U盾、电脑、印章以及相关数据一一整理打包，马不停蹄地开车将资料送到五位同事家中。

由于员工住地分散，居住在浦东新区、闵行区、奉贤区等地，财务负责人为了将资料送到每个人手上，独自一人驱车连续奔波。受疫情影响，上海多数餐馆停业，连晚饭都没有地方吃，晚上十点半，在给最后一位同事送资料的路上，车辆又发生了故障，他只好打车将资料送到同事手中，直到深夜零点后才回到家，前后共耗时10个小时。

取得财务资料后，只完成了工资的核算环节，线上发放工资，需要向银行授权。刘闪代表元亨祥与银行相关负责人线上沟通，完成视频授权并全程录像，确保工资按时发放。在团队的共同努力下，元亨祥全体员工按时收到了工资，平日里正常的流程，背后却经历了超乎想象的艰辛。

随着疫情传播降速，为了早日回归岗位，元亨祥人第一时间逆行而上，做好疫情防控，全副“武装”，舟车辗转，忍着疲惫与饥饿，提前从五湖四海赶回上海，居家隔离后及时返工返岗。为了实现安全复工，杨丽娜提前一天来到公司总部，带领行政运营中心同事对办公场所进行全面保洁、消杀，准备好防疫用品，确保复工第一天分发给每位员工。

2020年3月2日元亨祥正式复工，返岗登记、物资发放等工作按部就班地推进，复工员工安全有序地进入了工作状态。

客户服务部负责人因意外导致肋部骨折，复工后尚未完全康复。但为了确保投资者能够正常认购产品，及时给客户寄送相关产品协议，他冒雨将加印的六大箱产品协议搬回家中。因为伤势不能手提重物，他用背带将资料挎在胸前，这才完成了产品协议的寄送。员工陆芳芳产假期间，毅然外出给客户及时送去产品资料。

在疫情严重的区域，纸质认购合同无法正常邮寄，投资者收件时间有延迟隐患，签约流程被迫中断，销售团队自发创新，采用电子合同认购产品。公司发现纸质合同签约受阻后，立即找到律师，咨询线上签约步骤，以确保流程合法合规、避免风险。很快，在律师的帮助下，团队设计出一套线上电子签约流程，得到了投资者的认可，业务得以正常运行。

疫情是突如其来的大考，元亨祥人通过了考验，交出了一份“上下同欲，风雨同舟”的答卷。上下同欲者胜，风雨同舟者兴。企业文化的力量在疫情中发挥了巨大作用，正能量得以体现，激发了元亨祥人一系列斗志昂扬的行动，在突发情况面前才能从上到下做到临危不乱、处变不惊。

2020年之后的两年间，元亨祥人始终奋战在一线，业务经营从未间断。疫情不仅给元亨祥所处的微观环境带来了变化，也给宏观经济环境带来了下行风险，甚至给全球金融市场带来了一场长期的震荡。面对这种情况，元亨祥战略升级工作推进有条不紊，元亨祥人在危机中发掘机遇和转机，打响了“降存量、拓增量”的战役。

8.2 降存拓增，以退为进

疫情期间居家办公是一个难得的机会，我可以忙里偷闲、沉下心来，系统性梳理重要的战略问题。

那段时间，我和团队几乎每天都在线上开会讨论，虽然疫情让很多行业不得不停下了脚步，但元亨祥不断进取的步伐没有停。“五个转变”是元亨祥必须推进落实的战略任务，我和高管团队从2019年起便开始策划讨论如何具体实施，虽然公司对“五个转变”的必要性统一了思想，却迟迟没有实质性进展，走出舒适区需要更多的勇气和动力。**我意识到问题的紧迫性，经过深思熟虑和多次讨论，在疫情期间的一次线上会议上，我正式提出元亨祥建筑供应链投资业务的投资策略：降存量、拓增量、控风险、保安全。**

我们之所以提出“降存量”的策略，是基于对政策导向、战略升级和市场需求三方面综合考虑。从政策导向来看，2018年起，国家不再鼓励私募基金管理人发行其他类产品。顺天道、顺应大势是元亨祥一贯的基本经营战略，曾经赖以起家的“白条变金条”模式必须尽早改变，“降存量”是“保安全”的基本前提；从战略升级来看，“降存量”也是元亨祥自身可持续经营的迫切要求。2018年元亨祥提出了“新型城镇化投资运营商”的全新定位，2019年提出“1+N+IOEPC”商业模式、“五个转变”，2020年提出“一园三镇”的产品定位，债权类产品已不能适应新的战略要求；从经营角度分析，应收账款项目越来越少，不可持续，利润空间也越来越小，不再具有当初的市场竞争力，而股权投资则可以给投资者带来收益更高的回报。

自断后路，才有前路。实现战略升级必然要求元亨祥清零传统产品存量，以壮士断腕的决心，告别存量模式，走出舒适圈。这是顺天时的要求，也是走正道的要求，没有商量的余地。既然如此，开发新产品、拓展新模式就成了关乎元亨祥未来发展的关键。同时必须坚持元亨祥的风控理念，守住底线、控制风险，实现稳健型成长。

对此，有的员工认为，我们对传统业务很熟悉，在短暂的时间内停下来，究竟能否做到？还有一些理财师猜测，这是否意味着元亨祥未来不再做政信类业务。

突然听到降存量的决定，大家难免会产生一些不理解，甚至误会。实际上，元亨祥“降存量”仅涉及存量建筑供应链投资业务，但股权投资和"1+N+IOEPC"商业模式下的建筑供应链投资业务占比将逐步提升。"降存量"方针实施之后，元亨祥不但不会停止与项目方的合作，反而会加强合作的深度和广度，做到"降存量"的同时"拓增量"，持续合作共赢。

我认真分析过退出传统建筑供应链投资业务的三种路径：第一种是元亨祥退出，项目方没有退出。这是不顾合作方利益的下策，损人利己，元亨祥不该去做。第二种是项目方退出，元亨祥没有退出。这是不顾自身利益的中策，元亨祥不能去做。第三种是项目方和元亨祥一起退出，这才是唯一的上策，元亨祥必须去做。

在逐步退出的过程中，保证兑付安全、绝不让投资者亏损依然是元亨祥的底线，这也是"控风险、保安全"的前提。

降存量是元亨祥的重大战略选择。舍得舍得，有舍才能有得，必须放弃那些应该放弃的东西，才能打开新的发展空间，才能够激发成功的勇气。经过短暂的探索，元亨祥很快通过产品创新拓展增量，找到了新的投资渠道，为伙伴赋能、为投资者创造价值。我们主动关上了元亨祥传统建筑供应链投资业务的一扇窗，同时打开了"1+N+IOEPC"创新业务的一扇门。

2020年6月中旬，项目方反馈了一个信息：他们在与贵州省毕节市[1]长期合作过程中，已经形成了近2亿元的应收未收工程款。业

[1] 毕节市位于贵州省西北部、川滇黔三省交界、乌蒙山腹地，总面积2.69万平方公里。2022年末户籍人口总数为950.05万人，其中城镇人口为375.48万人，乡村人口为574.57万人。毕节是全国唯一一个以"开发扶贫、生态建设"为主题的试验区。享有"中国高山生态有机茶之乡""中国竹荪之乡""中国天麻之乡""中国核桃之乡"等美誉。

主方正在发行城投债，如果发行成功，资金将优先支付项目方的应收工程款，希望双方能共同找到解决方案。

毕节是贵州省第三大城市，常住人口超过600万人，属于典型的新兴三线城市，具有政策优势、地理优势、资源优势和后发优势，具备发行基金投资的基本条件。

我敏锐地捕捉到创新业务破冰的希望，立刻安排张岚负责推进落实。

张岚因照顾家庭短暂离开过一段时间，但我们一直保持联系，讨论市场信息动态与产品发展趋势。后来说得多了，她就开玩笑地问我："你总是打电话与我沟通，是不是要付我点研讨费？"我向张岚发出了诚挚的回归邀请，2019年12月13日，张岚再次走进了元亨祥的大门，以"首席产品官"的身份华丽回归。

经过市场调研，张岚带领团队很快提交了可行性方案：元亨祥发行证券类私募基金，认购地方城投债，直接投向政府信用的城投公司。业主方就可以支付应收工程款，从而充实项目方的现金流，提升兑付能力。我们把这个模式称为"投资代付"。

在毕节项目上，元亨祥首次尝试发行证券类投资私募基金。在可行性论证会之后，我们启动了首个证券类私募基金的发行流程。因为是创新业务，沟通过程中，政府和项目方都比较谨慎，提出各自的想法；经过我们对政策的解读，打消了各方的顾虑，最终达成了共识。不到半个月，毕节项目进展迅速：2020年7月8日，投资于毕节城投债的元利一号私募基金正式成立。至2020年10月，毕节城投债3亿元投资完成，项目正式结束。这是"投资代付"模式的首次实践，也是“降存量、拓增量”战略的成功落地。

投资代付模式虽然打响了第一枪，但想快速复制、扩大规模还有难度。城投债的发行是有标准的，要求地方政府城投债的信用评级达到AA级，负债率风险等级在橙色以下（低于200%），准入门槛相当高，推广难度较大。

不久，项目方告知，他们在贵州省遵义市中标了一个基础设施项目，但资金还未到位，业主方正在发行城投债，寻找资金方，项目方希望我们能够投资。有了毕节城投债的探索，经过分析，我们认为项目可行。通过元亨祥认购城投债，业主方专款专用，用于项目建设，按期支付工程款，有助于项目方业务拓展，这种模式我们称之为“投资代建”，这也是“降存量、拓增量”战略的第二个创新。

投资代建与投资代付的成功落地为政府融资提供了解决方案，为项目方拓宽了发展空间，也为元亨祥“降存量，拓增量”战略找到了具体实施路径。

8.3 深耕产业园，挖掘新机遇

随着投资代建、投资代付等新产品的成功开发和不断实践，元亨祥“降存量，拓增量”战略取得了阶段性成果。但投资代建、投资代付模式面临着市场环境的新问题。一方面受地方债务监管政策影响，一方面基建工程模式发生了深刻变化，以致新产品的业务总量有限。

政策方面，城投债门槛不断提高，地方政府债务规模受到限制。特别是2021年7月监管部门下发《银行保险机构进一步做好地方政府隐性债务风险防范化解工作的指导意见》（银保监发〔2021〕15号，后文简称“15号文”）以后，针对地方政府债务监管政策收紧。“15号文”明确要求“严禁新增或虚假化解地方政府隐性债务”“不得提供以预期土地出让收入作为企业偿债资金来源的融资”“不得新提供流动性贷款或流动资金贷款性质的融资，不得为其参与的专项债券项目提供配套融资”。

投资代建、投资代付等产品服务的仍是基建行业，但传统基建投资模式正逐步退出。我国经济已由高速增长阶段转向高质量发展阶段，正处在转变发展方式、优化经济结构、转换增长动力的攻关期，这意味着区域经济发展要坚持质量第一、效益优先的原则。在基建领域，过去大拆大建、快速更新的粗放式发展时期已经过去，基建领域的项目机会正在逐渐减少，导致建筑供应链投资业务也面临着巨大的挑战。即便是投资代建、投资代付等新产品，也将随着传统基建项目的减少而受到影响，从而影响元亨祥的持续发展。

因此，对增量业务的拓展必须继续，我们将战场转向园区开发：2020年，元亨祥提出“一园三镇”产品定位，其中“一园”即“健康产业园”。

经过缜密的调研，我们发现园区开发领域存在很大的市场潜能。园区开发是打通元亨祥全产业链、发挥“1+N+IOEPC”商业模式优势、形成业务闭环、打造元亨祥生态的重要途径；更重要的是，区域经济高质量发展是地方政府的核心需求，实现产城融合、人城融合、景城融合，都需要产业导入，而产业园是实现这一目标的重要载体。基于元亨祥“以市场为导向”的发展理念，我们提出从基建工程向园区开发转变。

园区经济是区域经济高质量发展的重要引擎。2020年，我国四分之一的GDP来自园区经济，国家级经开区、高新区的GDP保持快速增长态势，平均增速分别为8.6%和10.9%，均高于全国平均水平。

新加坡著名投资机构淡马锡[1]曾在园区开发方面做出了卓越的示范。淡马锡是新加坡政府100%国有控股企业，新加坡通过淡马锡在全球投资了170多个园区，其中最为中国人所熟知、也最成功的就是苏州工业园区。

1994年5月12日，苏州工业园区正式开工建设时，淡马锡仅投入了3000万美元启动资金，在一片农田上开启了这场“见证时间价值”的投资实践。计划经过十多年时间，累计投资约200亿美元，建设一个70平方公里、60万人口的具有当代国际先进科技水平、环境优美的现代化生态园林城区。如今，苏州工业园区年GDP（2022年）超过3500亿元。[2]从3000万美元启动资金到年产值超过3500亿元人民币，淡马锡模式正是元亨祥希望在未来探索的投资模式。

---

［1］淡马锡（Temasek，淡马锡公司）成立于1974年，是新加坡财政部负责监管、以私人名义注册的一家控股公司，经营新加坡开发银行等36家国联企业的股权。公司以控股方式管理着23家国联企业，其中14家为独资公司、7家上市公司和2家有限责任公司，下属各类大小企业2000多家，职工总人数达14万人，总资产超过420亿美元，占新加坡全国GDP的8%左右。

［2］2022年，苏州工业园区完成地区生产总值3515.61亿元，按不变价计算同比增长2.3%。分产业来看，第二产业1761.91亿元，同比增长3.3%；第三产业1753.18亿元，同比增长1.3%。三产占比为49.9%。城镇居民人均可支配收入88807元，同比增长3.4%，收入约为全国城镇居民人均可支配收入的1.8倍。数据来源，苏州工业园区管理委员会。

因此，产业园区的高质量建设发展将成为地区高质量发展的重要抓手，也将为元亨祥的建筑供应链投资业务带来新的增长点。如果我们能够深度参与园区开发，不仅能为合作伙伴寻求更多基础设施建设项目，发挥元亨祥建筑供应链投资优势，更能将我们的产业链优势链接起来，形成闭环。

产业园区像一条线，将穿起元亨祥产业链上的一颗颗明珠。传统的建筑供应链投资业务只是开始，我们在产业运营、产业投资等板块的优势都将通过产业园区建设得以施展。

从基建项目投资到园区开发投资的转变，实际上也是我们实践“1+N+IOEPC”商业模式的过程，将元亨祥资本和资源的优势通过园区开发实现价值创造，也让建筑供应链投资业务逐步摆脱项目来源受限的局面，转变为自己“找饭吃”“做饭吃”。

被投企业既是我们的合作伙伴，也是我们的赋能对象。在投资调研中我们发现，他们在一线城市发展的物理空间有限，人力成本高，生命健康企业在研发、生产、加工、销售等方面的外溢需求旺盛，与开发园区导入产业的需求匹配度高。如果中西部的开发园区有较好的招商引资条件和基础设施条件，梯度产业转移[1]的市场需求将越来越大。

通过调研，我们了解到，目前市场上参与产业园开发的企业大

[1] 梯度产业转移：亦称“区域产业转移”。以企业的经济活动为主导，由于产品供求变化或生产要素供给变化后，产业部门由某一国家或地区向另一国家或地区转移的过程。典型的梯度产业转移表现为发达地区的产业结构升级后，一些劳动密集型、资源消耗量大、生产效率较低的产业转移到欠发达区域。

致可以分为三类：第一类是规划设计企业，他们具有丰富经验，能够为园区提供总体规划方案；第二类是地产开发企业，他们通常以园区项目摘牌拿地，目的是进行商业地产或住宅开发；第三类是建筑企业，他们关注的是工程项目，通过园区项目获取工程建设业务。

元亨祥在商业模式上的优势在于能够提供综合解决方案，关注生命健康产业园的全生命周期服务和全产业链布局。具体而言，元亨祥全程参与生命健康产业园开发：在规划设计阶段，我们将整合优势资源，帮助园区提升规划质量；在开发建设阶段，我们可以通过标准化债券等方式，为当地政府、城投公司、建设方提供融资服务，确保开发进度；在产业招商阶段，我们能帮助引入产业资源，引导实体产业入驻；在园区运营阶段，我们还可以对有发展潜力的企业进行投资孵化、陪伴成长。

我们和地方政府携手共进，重视产业园的长期发展价值，与当地经济发展始终同呼吸、共命运，帮助当地集聚了资源、发展了产业、增加了就业，“为政府排忧、为企业解难、为经济助力、为资本增值、为社会造福”。

2022年上海疫情封控期间，元亨祥又正式提出了建设生命健康产业园的具体规划。我们将围绕“聚焦生命健康”，打造中医中药产业园、生物医药产业园和医疗器械产业园。公司将通过对生命健康领域的产业投资，为地方产业园区导入产业资源，与地方政府共同成立产业基金，为入驻园区的企业投资，服务地方经济高质量发展，同时寻求更多园区基建项目，赋能合作伙伴。

8.4　专注价值投资，聚焦生命健康

在“降存量、拓增量”、实现“五个转变”、推进战略升级的探索过程中，我们不断进行战略反思，应该如何提纲挈领地系统回答这些问题：元亨祥究竟做什么？不做什么？怎么做？明确经营定位是关乎元亨祥未来十年乃至更长时间发展的重大问题。

在2021年2月5日举办的年会上，元亨祥正式提出“专注价值投资、聚焦生命健康”的经营定位，并明确了“一体两翼、双轮驱动、三大路径”的经营策略，为“做什么”“不做什么”和“怎么做”给出了答案。

元亨祥做什么？我们心无旁骛专注价值投资，不能创造价值的投资坚决不做；元亨祥投什么？我们脚

踏实地聚焦生命健康领域做价值投资。

专注价值投资，就必须做到“三个坚持”：

一是坚持价值创造，投资顺势而为。坚持价值创造是指坚持资本赋能实体经济，促进产业发展，满足市场需求、响应客户诉求、呼应社会要求，从而实现价值创造。投资顺势而为是指元亨祥紧扣健康中国和“乡村振兴”两大国家战略[1]，顺应国家政策形势，把握经济社会发展大势，引领行业发展趋势。在全球人口老龄化、老年患病人口增多等因素的推动下，生命健康服务领域需求快速增长。

二是坚持科技创新，引领产业升级。通过市场调研，我们逐步发现生命健康产业领域亟待科技创新，科研成果要转化为产业，硬科技和“卡脖子”技术都亟待攻克，产业升级已经成为不可逆转的发展方向和产业趋势。通过投资创新企业，以资本赋能科技创新，促进“产学研投用”一体化发展，引领产业升级。

三是坚持长期主义，见证时间价值。坚持长期主义要求项目周期和产业发展周期相匹配，产业发展和项目成长都有周期，不能一蹴而就、逆势而为，要立足长远、合理布局。既然已经决定聚焦生命健康，就要做长远规划，根据项目期限来投资，让时间检验

[1] 党的十九届五中全会通过的《中共中央关于制定国民经济和社会发展第十四个五年规划和二〇三五年远景目标的建议》，提出了“全面推进健康中国建设”的重大任务，充分体现了以人民为中心的发展思想，必将对我国卫生健康事业发展、增进人民健康福祉产生深远的影响；全面推进乡村振兴、加快建设农业强国，是党中央着眼全面建成社会主义现代化强国做出的战略部署。强国必先强农，农强方能国强。

战略，带来投资效益，方能体现长期主义者的定力与恒心。在生命健康产业，一款产品从研发、临床试验到最后临床应用是一个漫长的过程。从资本角度来讲，可以有不同的选择，有的机构选择初创期，也有的机构选择中后期，但是无论投哪一个阶段都要坚持长期主义。

元亨祥对生命健康的理解是：从产业层面看，生命健康包括“四个赛道”和“三个产品”。元亨祥将在生命健康产业股权投资领域进行长期耕耘，围绕中医中药、生物医药、医疗器械、健康养生四个赛道持续进行价值投资。落地产品则根据不同区域、不同服务对象分为面向一线城市的元亨尚儒养生堂、布局省会城市的康养城、服务三、四线城市的养生谷三条产品线。而从形态层面看，生命健康是元亨祥聚焦的主体，包括三个方面：一是身体健康，活出生命的长度——长寿，“以仁养生”；二是身心健康，活出生命的宽度——自在，“以文养心”；三是身家健康，活出生命的厚度——品质，“以道养财”，元亨祥围绕“三身健康”进行产业布局。

“一体两翼、双轮驱动、三大路径”作为元亨祥的经营策略，明确了我们围绕生命健康，具体将如何落地的方法和途径。

“一体”是以生命健康产业为主体产业，坚持战略定力，持之以恒、久久为功。

“两翼”是指投资与保险。投资——在生命健康领域的股权投资能力，是元亨祥必须坚持的长期核心竞争力；保险——商业保险还远没有满足生命健康产业的市场需求，需要通过研发定制生命健康产业保险产品满足目标客户群的需求。

“双轮驱动”是指产业运营与资产运营。产业运营方面，我们以生物医药孵化器、中医药孵化器、生命健康产业园为载体；资产运营方面则包括三大产品体系：养生堂、康养城、养生谷。在“五个转变”进程中，投资与运营之间需要有抓手、有平台、有物理载体。要处理好产业运营与资产运营的双轮关系，实际上就需要我们处理好产业投资与高效运营的关系，处理好产品定位与市场需求的关系，处理好“轻”与“重”的关系。处理好这三个关系，是平衡“双轮”、稳健驱动元亨祥发展的关键。

在实施层面，元亨祥将品牌输出、资本并购、上市公司作为三大路径。

“品牌输出”是元亨祥秉持“内圣外王”的原则，将资产运营的三个产品（养生堂、养生谷、康养城）作为经营品牌输出，拓展市场。将管理方略“五定三化四做到”作为管理品牌输出，实现智慧赋能。

“资本并购”则是通过资本促进产业整合、产业聚集，构建覆盖中医中药、生物医药、养老照护、医疗服务、康养运营、康养保健等领域的元亨祥生态。

“上市公司”是指要围绕上市公司发展业务。经营主体要做成上市公司，投资部门要投成上市公司，所有部门都要围绕上市公司挖掘需求、创新服务。其中元亨祥康养、保险经纪都要有明确的上市时间表；元立方资本积极投成上市公司，元亨祥基金做好市值管理；元贞祥产发、元亨泰富财务咨询借力上市公司积极拓展业务。

“专注价值投资、聚焦生命健康”“一体两翼、双轮驱动、三大路径”将长期指导公司的经营发展，实现从“直径十公里，深度十公分”到“直径十公分，深度十公里”的转变。对于存量传统业务，我们将围绕生命健康战略逐步转型；在客户端也要让家族办公室业务与生命健康产业结合得更加密切。

超高净值人群的需求正在发生变化，他们缺的不仅仅是理财产品，还有关于财产保护和财富保障的安全感。除了关心有形资产，他们还担忧健康、子女教育、家庭和谐、家族传承等一系列问题。**因此，元亨祥家办业务致力于打造长寿、自在、品质的生命健康文化，专注于超高净值人群家族传承与事业发展的需求**。为客户提供身体、身心、身家全方位、全周期的家族办公室服务，帮助更多的客户持续创造价值，陪伴更多的客户和家族同行，守护他们的健康与财富，真正做到精神传承、文化传承、财富传承。

2022年，我们将元亨泰富家族办公室正式升级为善世嘉誠[1]家族办公室（后文简称“善世嘉誠家办”），进行服务再升级。“善世”取义《易经·乾卦》中“善世而不伐，德博而化”之“善世”。善于世，传达的是家族管理者的谦逊美德，与元亨祥集团文化一脉相承，希望能以朴素的世界观，真诚为家族服务。“嘉誠”则源于《说文解字》：“嘉，美也、善也；诚，信也。”嘉誠，又谐音“家承”，意指传承有道、福泽绵长，亦指家族办公室服务应秉承真诚与信用之道。我们希望，善世嘉誠家办能统筹生命健康产业运营能力、生命健康资产运营能力、生命健康保险定制能力和生命健康产学研融

[1] “善世嘉誠”为公司正式注册商标名称。

合能力，以多维场景定制化保险经纪及家办业务为主轴，以生命健康产学研服务能力为侧翼，以国学中式家族传承为特征，为中国富裕家族提供差异化服务。

善世嘉誠家办结合集团经营策略，全面关注家族成员“身体健康、身心健康和身家健康”。元亨祥初期提供的财富管理仅仅为客户达到养财的目的，而一个人只有实现身体健康、身心健康和身家健康，才称得上全面健康。身体健康指养生长寿，身心健康指心灵自在，身家健康指品质生活。长寿是生命的长度，自在是生命的宽度，品质是生命的厚度，立体、综合的三个维度健康，才是全面的健康。

正因如此，善世嘉誠家办不再单纯专注财富管理，而围绕“生命健康管理”，统筹各方面资源，打造服务客户的“桥头堡”，帮助中国富裕家族实现永续家业。

善世嘉誠家办在养财方面不再销售具体产品，将整合集团自身和同业优质资源，为客户提供资产配置方案咨询服务，供客户自行挑选。在生命健康管理方面，元亨祥服务客户的养生、养老、养心需求——客户需要中医养生服务，可以选择元亨祥投资的中医药诊疗；需要养老服务，可以选择元亨祥投资的养生谷；需要国学养心，可以选择元亨祥投资的养生堂，以国学之雅、国医之髓、药膳之补、茶道之术，探寻养生之道……这样，家办业务逐步融合到集团的生命健康版图中。

通过这次战略升级，元亨祥各业务板块都明确了经营定位。我们始终强调“**战略要自信**”：**战略认知自信**、**战略定位自信**、**战略目**

标自信、战略路径自信。认知自信：元亨祥战略准确把握时代发展大势和市场需求趋势，认真审视自身、竞争对手，抓住机会，是科学推导、知行合一的战略。定位自信：元亨祥的战略定位基于自身独特的能力资源与文化特质，构建了难以逾越的护城河。目标自信：元亨祥的战略发展目标基于十年来积累的历史，也基于现有的能力与实力，是动态的、发展的、可实现的。路径自信：元亨祥的发展路径符合市场需求，符合行业发展趋势，符合产业发展需要。

有了这样的战略自信，我们踏上新的浩瀚征途，聚焦生命健康领域，谱写全新的元亨祥故事。这个故事，要从距离上海千里之外的一座千年古镇讲起。

第九章

“康养+保险”的“樟树”样本

9.1 上下求索，投资“樟树”

樟树裕元谷项目（后文简称“樟树项目”）是元亨祥投资的第一个资产运营类项目，真正打通了生命健康产业投资业务价值链，开启了我们在生命健康领域的全面转型。樟树项目随战略转型应运而生，战略在樟树项目落地生根。

我们对健康养生领域的聚焦经历了长期探索、深思熟虑。2015年我们提出“金融、健康、绿色、智慧”；2017年升级为“大基建、大康养、大文旅”，开始在大健康领域发力。进一步提出“一基三养”后，为了将养老、养生、养智落到实处，元亨祥推出过养老保险、研究过CCRC[1]等养老模式。市场拓展团队跑遍全国各地考察康养项目，都由于地产比重过高没有投成。2020年，在被誉为“中国药都”的江西省樟树市，元亨祥的健康养生蓝图由此起笔。

樟树是江西四大古镇之一、中国四大药都之一，位于江西省中部，跨赣江中游两岸，水路交通发达，是我国历史上最大的药材集散地。樟树以药材生产、加工、炮制、经营闻名遐迩，距今已有1800多年的历史。樟树药业始于汉、晋，成于唐、宋，盛于明、清，自古有“药不到樟树不齐，药不过樟树不灵”的美誉。

国家一系列养老政策陆续出台之后，当地有人看上了这块风水宝地，于2015—2016年间提出开发项目的想法，开始找政府、合作伙伴论证项目可行性，历时7年才走完项目策划、拿地等流程。发起人联合亲友总计出资2000多万元开发樟树养老项目，由于养老产业专业性强，他们又引入了江西省颇具影响力的养老机构银河园联合运营。在开发过程中，资金开始紧张，项目一度中止、无法推进。

2018年9月后，随着元亨祥提出“新型城镇化投资运营商”的定位并持续实践，我们的品牌知名度越来越高。2019年10月，一

---

[1] CCRC（Continuing Care Retirement Community）：即持续照料退休社区。通过为老年人提供自理、介护、介助一体化的居住设施和服务，使老年人在健康状况和自理能力变化时，依然可以在熟悉的环境中继续居住，并获得与身体状况相对应的照料服务。据美国一项学术调查显示，居住于 CCRC 老人的余命年龄是非居住于 CCRC 老人的 1.5 倍，人性化的 CCRC 养老理念受到了老年人的欢迎与认可。

位朋友向我们推荐了樟树项目，希望元亨祥能够到现场考察、投资入股。

2019年12月，我带队到江西考察康养项目，受邀来到樟树，项目所在地距离樟树高铁站10分钟车程，距离省会南昌1小时车程。这里三面环水、一面环山、空气清新、景色宜人，是颐养天年的风水宝地，具有千年古镇的秀美山水和丰富深厚的人文底蕴。

我对樟树项目产生了兴趣并决定考察项目可行性，安排康养生活事业群进行尽调。报告出来之后，我们分析判断这里很适合开发养老养生项目，也符合樟树的产业规划，同时项目各方面基本符合元亨祥的投资条件，与我们的战略发展方向十分契合。

我们最终做出决定：进军樟树！

介入樟树项目之初，我们将自身定位为投资者。却不承想，随着早期投资方的陆续退出，元亨祥成为樟树项目的大股东，被推到管理与运营的前沿。

2020年4月30日，元亨祥与合作方签署了框架协议，准备投资入股樟树项目。双方约定，由对方作为大股东持股51%，我们作为专业投资人持股49%，项目开发与运营依然由对方主导。

签约很高效，资金的注入却突然中止。签约后，项目发起人反倒开始患得患失、犹豫不决，借口资金成本高，想先找建设方垫资，后期需要资金再启动。其实，他们是在等政府补贴和银行贷款支持，也期待前期投入可以通过销售迅速回笼，实现滚动投资。他们原本计划以2000多万元本金为杠杆，撬动这一投资总额6亿元的项目，建成一期销售一期，滚动开发，却发现这一模式根本行不通。投入2000多万元后，这块地也只是实现了“三通一平”[1]，开工七栋公寓楼，陷入资金链断裂、被迫停工、借贷无门的窘境。同时，股东意见分歧严重，僵持不下，以致项目无法推进。

2020年12月，项目相关负责人再次找到我，说要“重启合作”。

我表示，等你想明白了再说，没想明白合作方式，现在谈合作还为时过早。

面对整个项目只开工七栋楼宇的现实，面对亲友团还债的压力，他终于想明白，单凭自己已经无力推动这个周期长、体量大的项目。

到了元亨祥作为专业投资人正式出场、力挽狂澜的关键时刻。

没想到，正当元亨祥整装待发，他又突然说还不能注资，有个股东一定要先退出。经过核算，那位股东退出之后，元亨祥注入资金，股权将占到60%。

这一要求超出我的预期。作为专业投资人，我们的初心是做好投资，以资本优化资源，并未准备做樟树项目的大股东。如果元亨祥成为大股东，需要真正在项目一线操盘、自主运营，整个团队将面临实战考验。

认真思考后，我对他说，只要你想得通，不再当大股东，我们可

[1] 三通一平是建设项目在正式施工以前，施工现场应达到水通、电通、道路通和场地平整等条件的简称。

以出这笔资金。我的想法是项目发起人出身于建筑行业，在施工建设方面能够独当一面；银河园作为联合发起人，能够解决运营的问题。而且，此项目投资额度不大，总投资额约6亿元，实际上投资峰值约为3亿元，之后可以通过出售公寓快速回笼资金、实现滚动开发，以此试水康养产业，对元亨祥而言压力不大。借此机会，我们深度介入运营管控，恰好可以锻炼团队，打造出一支健康养生行业的专业队伍。

2021年6月，双方最终达成了一致意见。7月，元亨祥注资并进驻樟树项目组，康养生活事业群副总裁蔡小龙全面负责项目的统筹、建设与运营管理，一批元亨祥人踏上了前往樟树的奋斗之路。然而，真正投身项目一线，我们才发现情况比预想的更加复杂。

10月，一场“公章风波”给我们敲响了警钟，从实战角度为扎根一线操盘项目的团队上了难忘的一课。二股东的姐姐想退出樟树项目，她的股权此前一直由弟弟代持，弟弟答应了她退出项目的要求，但是迟迟没有把投资款退还给她，因此她姐姐利用担任项目公司出纳之便，私自把公章锁了起来。10月14日，我到樟树出差，听到这个消息，我要求团队以和为贵、妥善处理。约定10月15日14时，与二股东的姐姐当面沟通、解决问题，并通知项目公司的常年法律顾问和银河园负责人一同参加。但是，对方一开始就咄咄逼人、蛮不讲理，现场气氛十分紧张。经过律师的专业分析、耐心讲解，虽然气氛稍有缓和，但最终还是不欢而散。

我当场对团队表示：“此事没有谈判空间，一切按法律规定处理，明天早上9点前必须归还公章。”二股东的姐姐私藏公章，如果拒不交还，直接影响项目进度，元亨祥会依法维权，并追究其法律责任。我们请常年法律顾问拟定了一份律师函，安排人直接送到她家里，告知如果第二天早上不交还公章，就直接报警。10月16日一早，她打开保险柜，拿出公章和相关文件，完成了工作交接。

公章风波给了我们很大触动。在樟树项目中，必须时刻把握主动权，做到“人财物”在手是把握主动权的先决条件。我们要不断加强内部管理，确保项目全生命周期都要依法、合规经营。

在逐步清退隐形股东的过程中，我们开始整顿日常管理工作，着手规范项目中的经营行为，依据法律制定规章制度，依照规章制度制定流程。在账目梳理过程中，我们秉持一贯的风控理念，督促小股东依法纳税，将隐性的税收风险清理干净。只有排除所有风险，才能后顾无忧地推进项目建设与运营。

无论何时、何地、在任何项目上，都必须依法合规经营，是元亨祥一以贯之的行事原则。2021年11月，“公章风波”后不久，项目公司着手进行消防工程招投标工作。中标企业本身并无资质，挂靠于四川某消防施工单位，报价比总预算低15%。项目公司计划与其签订框架协议，其中包含未来几年可能产生的消防工程。

我看完协议十分恼火：怎么可以把工程承包给没有资质的团队？而且把未来几年不确定的工程提前指定发包？这样做会给樟树项目造成极大风险隐患！我们在风控方面一贯保持严谨、严格甚至严厉的态度，眼里绝不揉沙子。项目公司很快更换了一家有资质的公司，报价降了22%，比无资质的公司多降了7%；工程合同也是分批签，按照项目当期需求，据实签订合同。

事后，我反复向团队强调“没有万一、只有唯一、安全第一”的风控理念，必须做到“风控全覆盖、监督全方位、内控全流程”。作为投资机构，必须时刻以管理提升与风险控制为抓手，方能把握大局、运筹帷幄。

9.2 调整定位，“减加乘除”

围绕樟树项目的规划，我们深入开展市场调研并反复讨论，对市场的认识逐步加深。2021年12月，樟树项目真正找到了定位、厘清了方向。

为了筹备年底开业运营，项目公司每天紧锣密鼓地讨论内部装修和园林景观等事宜。12月中旬，在樟树项目部的三楼会议室，运营股东、开发股东、元亨祥高管就项目筹备工作进行深入讨论。讨论过程中，我越发感觉项目此前的定位有问题。樟树项目定位为CCRC社区，整个团队的思路一直停留在养老层面。实际上，樟树只有48万人，项目将建成3000

个床位，这样的市场容量显然无法承载如此规模的养老社区。如果我们想要吸引外围市场客群，优势又在哪里？周边城市南昌、宜春也有CCRC社区，客户为什么要跨区域来到这里呢？

“项目必须重新定位！”说完这句话，我起身离开了会议室。

12月的樟树室外温度不高，加上蒙蒙细雨，顿时让我神清气爽。走出会议室，我来到三楼的平台。放眼望去，整个樟树项目尽收眼底。那天的空气湿润而清新，对着波光粼粼的湖面，我深深地吸了一口气：必须对3000张养老床位进行大幅度调整，建成一批、运营一批。更重要的是，必须对樟树项目重新进行精准定位！一味求大求全，只会深陷其中！但究竟应该如何调整呢？樟树山水之间萦绕着草药的清香，洋溢着蕴育千年的颐养之气，我们一定要充分发挥自然资源、产业资源和历史资源的禀赋优势……雨水从树叶上滑落，滋润着这里的每一寸土地，我独自一人在平台上静静地沉思许久，思路渐渐清晰起来。

回到会议室，我提出新的规划思路：围绕刚需做市场，对樟树项目进行再分析和再定位。走高端路线形成元亨祥的差异化竞争优势，将樟树项目的定位调整为中医养生、养老照护、康复护理三大业态。

养老照护、康复护理都属于高端客户的刚性需求。通过市场调研，这两类业务辐射的目标客群主要集中在本地及周边。因此，樟树项目的养老照护业务面向两大人群：一是失能失智人群，以樟树当地高端客群为目标，重点聚焦在项目地一小时车程范围内的人群，以高端服务满足高端人群的刚性需求；二是活力老人，也是以当地客户为主，项目只需为其提供硬件设施齐备的产权公寓，直接拎包入住。国内多数养老社区都采用会员制，以租代售使用权，樟树项目必须依法合规经营，不能绕开政策“打擦边球”。康复护理为术后人群和病后疗养人群提供优质服务。结合樟树作为“中国药都”的优势，可以把中医养生做成特色，帮助患者更好地痊愈。高级规划总监汪礼华和团队一道，通过数据测算，将总建筑面积从18万平方米调整到15万平方米，同时增加了养生庭院，提升了项目品质；将项目床位数从3000张调整为约2000张，其中：针对失能失智和康复护理服务300~500张，产权公寓约1000张，中医养生约800张，以匹配当地的市场需求。

樟树项目不仅要立足樟树，还要面向全国。养老照护、康复护理业务缺少面向全国吸引客流的潜力，而中医养生业态则能辐射全国范围内的中医养生人群，我们要借助樟树得天独厚的地理优势，以中医中药疗法、传统养生功法为特色打造中医养生业态，面向全国、做大客群。

针对新定位，我提出三点意见：一是要丰富产品，二是要优化投资，三是要坚持高端定位。

丰富产品是指樟树项目从只提供养老服务拓宽到提供全生命周期健康养生服务，打造具有中医特色的医养结合标杆。樟树的客群规模不足以支撑樟树项目，我们就需要先开源，以产品的梯度化与丰富化，面向全国亚健康人群提供特色中医养生服务。

在优化投资层面，我们将一部分养老社区调整为养生公寓，以快速回笼资金、缩短投资周期。租售并举、多业态发力，成本也会相对降低。

以传统方式做康养，我们缺乏竞争优势，想要脱颖而出，形成品牌影响力，就一定要独树一帜。我们要做高端，不仅意味着价值高端、设施高端，更意味着理念的融合与升华。从基础设施、服务理念到运营管理，樟树项目将全方位打造高品质康养社区。在康养领域，基础服务一般由公立养老机构提供，常规服务由本地社会机构提供，而高端服务才需要、也只有我们这样具有先进理念的专业品牌机构才能提供。

对此，我提出“三个上海”的品牌理念：上海品牌、上海模式、上海服务。上海是改革开放的排头兵、创新发展的先行者。元亨祥立足上海，品牌效应、模式创新、服务理念等优势明显。投资樟树项目时要充分发挥这些优势，形成以上海特色为核心的品牌认知度和美誉度，凸显高端品质。

我在会议总结时说，樟树项目一定要明确目标客群，做出中医养生的特色。养老产业不是一条新赛道，此前已有许多“参赛者”竞跑多年。早期的投资者中，很多人已经折戟沉沙。如果重走别人的老路，注定无路可走，元亨祥要闯出一条新路来。

转变战略、重新定位、统一认知后，樟树项目终于明确了全新的发展方向。随之而来的是建筑规划、产品运营、营销策略的全面调整，一支能够承担起项目持续运营的队伍也被逐步打造出来。后来，政策的导向证明了此次调整定位的正确性与前瞻性。2022年，樟树当地政府修订了中医药产业“二十条”意见，提出了通过奖补政策等方式打造中医药康养诊疗示范基地的规划。[1]

“12月会议”后，从樟树返回上海的路上，我在思考：元亨祥究竟走向何处？又该如何提升经营战略？在探讨樟树项目的过程中，有一种声音是从活力老人到临终老人，从高端到低端客群，面面俱到地进行规划。我告诫团队，时刻谨记“一生二，二生三，三生万物”的道理，做好“一二三”，才能“生万物”，如果连三个项目都做不好，做五个、十个也是白费力气。

思考之后，我将元亨祥的经营策略提炼为四句话：战略做减法、运营做加法、市场做乘法、管理做除法。“战略做减法”正是推进樟树项目必须落实的策略，意味着团队要聚焦业态、聚焦客群、聚焦定位，根深才能叶茂。个人和企业的精力都是有限的，只有向下扎根、做精做专，才能够成为专家、行家、赢家；才能把爱好和擅长做成事业，服务社会、成人达己。

---

[1] 2022年9月，樟树市发布《修订“二十条”意见加快推动中医药产业高质量发展》：为进一步贯彻落实国家、省关于加快中医药特色发展的若干政策措施，加快把樟树打造成江西中医药强省的排头兵、国家中医药综合改革示范样板区，樟树市修订“二十条”意见加快推动中医药产业高质量发展。该文件从打造中医药产业聚集基地、打造中医药文旅融合基地、打造中医药诊疗康养基地、打造中医药传承创新中心4方面提出了20条具体意见，通过明确责任主体、实施方向、奖补政策等方式，着力打造“三个基地、一个中心”，推动“十四五”期间中医药产业高质量发展，建设全国中医药特色城市，新时代中部地区高质量发展样板城市。

樟树项目的定位令团队豁然开朗，2021年12月下旬，我们注入第二笔资金，要求樟树项目2021年底之前必须完成工商变更。已临年关，时间紧迫，负责项目备案的投资经理邵涛立即启程，赶往樟树，只用了一天半时间就顺利完成工商变更，元亨祥的股权占到68.37%。

诞生于樟树项目的“减加乘除”后来成为元亨祥的重要经营理念，在公司全面推广，只有通过“减加乘除”才能实现“精优实美”。

战略做减法，就是要持续专注聚焦。元亨祥要立足“养生堂、养生谷、康养城”二个资产运营类产品和“生命健康产业园、中医中药谷、生物医药谷”三个产业运营类产品，明确产业布局，优化资源配置，提升运营品质，坚持不懈、持之以恒。

运营做加法，就是要丰富运营内容。元亨祥要通过“投资+并购”的方式，围绕中医中药、生物医药、养老照护、医疗服务、康养保健打造生态圈，持续导入专业化、差异化、个性化的运营业态，构建标准化、规范化、流程化的运营体系，把服务做到极致，形成别具一格的中医药特色健康管理核心竞争力。

市场做乘法，就是要实现复制推广。元亨祥要加大产品研发力度，设立研发基金、鼓励产品创新，跑通项目策划、投资管理、规划设计、开发建设、市场营销、运营管理全业务流程，创新商业模式、打造成功样板、输出运营品牌、快速复制推广，扩大经营规模和品牌影响力。

管理做除法，就是要强调赋能管控。元亨祥要根据目标管理

“五定”模型，深入推进标准化、流程化、数字化，全面落实“四做到”，不断优化提升管理方略，输出管理品牌，通过管理标准赋能，促进业务板块和被投企业的自主经营。

“减加乘除”理念对公司的长远发展具有现实指导意义。理念在实践中形成，更需要在实践中检验。面对樟树项目定位不精准、规划不合理的状况，我们必须坚持“减加乘除”理念，打造“精优实美”的示范样板。

9.3 全新规划，迎接会展

重新定位樟树项目意味着此前的建设方案需要全面调整。在此之前，项目的建设并不顺利，我们进入之后，问题渐渐浮出水面。

原始团队在建设与运营上的表现都不尽如人意。我们最初期待，项目原班人马能够独立承担开发建设，后来却发现他们在建设上缺乏成熟的经验，更没形成完整的管理体系。之前的项目图纸缺乏亮点，早期的建筑设计也存在诸多不足，从地库、车位到坡路，难以搭建起完整的无障碍行动路线。运营合作方对项目的推进也不如预想中得力。

元亨祥进入樟树项目后，项目开发与施工建设的开局并不顺利。“12月会议”之后，樟树项目启动新方案的规划设计，数易其稿。最初与规划团队讨论项目定位时，他们也想套用住宅、旅居等热门概念，沿用特色小镇的房地产开发模式，依靠住宅赢利。而我们要打造的是康养运营模式，坚持投资运营商定位，依靠运营获得长期效益。就住宅与旅居概念，规划团队还想进一步说服我，我回复道，再要解释，只能说明你们没听懂我的意思。我再次强调樟树项目的新规划中，不能出现住宅的概念，也不能有旅居的提法。我们将项目定位为养生养老公寓，这些房子不是常规意义上的住宅，也不是文旅项目中的旅居酒店，而是中医养生、养老照护、康复护理等运营业态的载体。我坚决表示，项目定位是原则性问题，如果不能按照我的意见修改规划，宁可把这个项目停掉。

2022年3月中旬，我参加项目运营咨询团队的线上汇报时，项目组把市场上所有的养老模式都泛泛地讲了一遍，从国际到国内，从居家养老到机构养老，内容广而全、信息多而杂。项目重点只是落在养老上，对于养生虽有提及，也只是一笔带过。我知道团队为这版规划做出了辛苦的调研，也能看出他们付出的努力。

对此，我点评道：“调研很专业、功能很全面、运营很丰富。”紧接着话锋一转，态度坚决地提出要求：“定位要专注、功能要聚焦、运营要专业。”

对于项目品牌名称，团队进行了多次“头脑风暴”。2022年春天，我们反复推敲之后，将养生谷品牌最终确定为“裕元谷”。裕元谷商标形制，源于《易经》六十四卦之一的"颐卦"[1]。裕元，即充裕元气。颐卦上九爻代表太阳：万物生长的动力。颐卦初九爻代表大地：春暖花开，生机勃发。两者皆为充裕元气的风水之象。

结合卦象，团队设计出裕元谷LOGO，其中暗含"元"字与"谷"字。"裕元谷"三字与颐卦卦象的布局和内涵形成天作之合。裕元谷以其养生内涵为原点，汲取充裕元气、内外兼修的中医养生根本，进而形成"裕光阴，元养颐"的品牌理念。"裕光阴"指的是充实光阴，包含三层含义，一是充实生命长度，二是充实生命厚度，三是充实生命丰度。"元养颐"指的是从根源上实现养护、养生、养老，让人的生命福祚绵延。

2022年4月初，我与运营团队沟通工作进度，讨论之后决定，要加快推进失能失智业态的正式运营。这既是对社会养老事业做出贡献，也是向政府表明态度：我们是在做养老产业运营，而不是做房地产开发。那天，我与运营团队讨论到深夜，夜越深，头脑越发清晰，并将目光锁定在了医技楼——这里起初定位于医院门诊，其实很难经营起来，我们应该将医技楼的功能调整为失能失智为主的养老服务，以最快速度推向市场。我向团队下达命令：2022

[1] 颐卦，易经六十四卦中第 27 卦。《象》曰："山卜有雷，颐。君子以慎言语，节饮食。君子观之，思物业唯艰，唯含弘广大则不失其养，从而当慎言语、节饮食、颐养天下。"《彖》曰："颐之时大矣哉。颐，贞吉。观颐，自求口实。颐，就是养的意思。有所养，中正吉祥，原因在于养正必吉也。"所谓观颐就在于观其所养也，从而才能根据一切需要而做出相应的行动。震为雷，艮为山。山在上而雷在下，外实内虚。

年，一定要推出失能失智服务。

2022年5月，我每周与樟树团队线上沟通项目规划，明确表示：第一，不要有房地产思维；第二，不能走旅居养老路线；第三，一定要做出中医养生特色。多轮讨论后，团队终于在项目定位上达成共识。新的规划方案呈现出全新定位：公共活动中心规划了国学、药膳、中医养生等功能；医技楼1~3层规划为康复医院，4~7层规划为失能失智护理区。团队也对运营工作进一步明确分工，由高级运营总监张文彬负责养老照护业务的品牌资源对接，运营经理程剑龑负责中医养生业务的供应商储备和对接工作，通过频繁走访洽谈，将名老中医、经方验方等资源纳入合作方信息库。

2022年7月，项目新规划复审通过，新方案的产品类型更丰富，梯级层次也更为明显，整体设计更为人性化。在项目团队一遍遍审稿、精益求精的打磨下，最终在2022年8月31日，樟树项目规划方案正式获得政府审批通过。

我们在调整项目规划过程中，不断挖掘樟树的自然资源禀赋和历史文化优势。樟树项目位于葛玄道药祖山腹地，据传，被尊为道教四大天师之一的"太极仙翁"葛玄曾经在此修炼，炼成九转金丹并白日飞升成仙[1]。2022年9月，我们将项目正式更名为"中国

---

［1］ 葛玄（公元164—244年），字孝先，三国著名高道，道教灵宝派祖师。据《抱朴子》记述葛玄以左慈为师，修习道术，受《太清丹经》《九鼎丹经》《金液丹经》等炼丹经书，后传授给郑隐。相传他曾在江西阁皂山修道，常辟谷服食，擅符咒诸法，奇术甚多。后世道教尊称葛玄为"葛仙公"，又称"太极左仙公"，北宋徽宗时封为"冲应真人"，南宋理宗时封为"冲应孚佑真君"。

药都·葛玄养生小镇”，充分体现了元亨祥以价值投资传承优秀传统文化的理念。

此时，樟树全国药材药品交易会[1]（后文简称“药交会”）即将于一个月后开幕。参展药交会，对樟树项目来说很有意义，既能够了解行业动向和市场需求，还能进一步提升品牌知名度。樟树药交会从1958年开始举办，是国内极具规模和影响力的中医药品牌盛会。

由于樟树项目远离上海，在制度、管理上不够规范。我决定以药交会为契机，在做好硬件设施优化整改的同时，把上海总部的经营管理方法应用到项目上，将管理、制度不成体系的问题一并解决。时间紧迫，从沙盘定制到展厅设计，从广告物料到文化上墙，从动线规划到现场围挡，各方面都没有任何预先准备。团队担心不能按时完成任务，我鼓励大家必须集中精力、全力以赴，把这次参展活动当作樟树项目的期中考，通过倒排时间表，“白加黑、5+2”，加班加点打好攻坚战，一定要在参展之前确保各项工作按时交付！

2022年9月，装修一期开始进场施工；10月，室外工程施工单位进场……一切都在按照计划紧锣密鼓地进行。

10月27日，我带领集团高管团队到樟树项目开现场会，元亨泰

---

[1] 樟树全国药材药品交易会：是1958年经国务院批准的三个药交会之一，在计划经济时期，国家主要是根据制订的药品（药材）生产计划通过在三个药交会上来落实：上半年的企业生产计划在樟树药交会落实，下半年的在河北省安国市的安国药交会落实，河南省辉县市百泉药交会主要调整每年生产计划的余缺。

富组织VIP客户前往参观考察，现场的变化让我们眼前一亮：基础设施得以完善，从裕元谷项目入口到14号楼的展示接待区本来没有路，在短短半个月时间内，团队交出了一份亮眼答卷：一条崭新的道路顺利完工；参观路线顺畅通达、景观设施整齐呈现、草坪绿化生机盎然，施工现场环境明显改善，项目部办公区文化上墙，团队精神面貌焕然一新。

10月28日，第53届樟树药交会正式开幕[1]，本届展会汇聚全国9000余家知名企业，展览规模达2万平方米，参展品种超3万个，汇聚丰富的工业、产品、产业链各方优质资源以及行业发展最新趋势。

药交会期间，团队努力协调资源，将项目展区安排在药交会非常醒目的展位上。裕元谷展区向参会者展示了项目未来全貌，颇具古风的展厅引得来宾驻足流连，沙盘上山峦起伏、水陆交错，精致地描绘了裕元谷全面完工运营时的美好未来，楼宇建筑的模型造型准确、排列整齐，将项目特色展现得一览无余，湖水环抱之下一幢幢建筑静静矗立，方寸之间无不彰显匠心。这个沙盘是项目团队在樟树当地制作条件有限的情况下，想方设法克服重重困难才得以及时制作完工的。众多参观者在深入了解葛玄养生小镇后，纷纷表达了对项目的认可。上海、杭州、南昌等地近40名高端客户更是来到项目现场，领略了葛玄养生小镇的独特魅力。

[1] 2022年10月28日，为期3天的樟树第53届全国药材药品交易会开幕。本届药交会以“传承精华·守正创新”为主题，采用线上线下融合的“双线会展”模式举办。

樟树项目不仅是元亨祥聚焦生命健康的重要投资样本，还成为检验我们管理能力的“试金石”。樟树项目处于初创阶段，条件相对艰苦，各方面资源都需要团队自行对接，重新梳理。项目要求高、任务重、责任大，非常考验团队的管理能力和执行力。在药交会之后的复盘会上，我激励团队：“潮头登高再击桨，无边胜景在前头。一定要心往一处想、劲往一处使。”

参展药交会的过程，启发了我们推进樟树项目建设管理的思路：项目要想得到更高效的推进，必须有一些里程碑事件来为进度提速、为项目提质、为团队提精气神。于是，我们提出，再打一场冬季迎春攻坚战[1]，以此明确开业目标，倒推工程进度，把受疫情影响落下的进度赶上来！

从2022年第四季度起，我对项目抓得更紧，几乎每周都去樟树调研督导，深入项目施工现场。我每个月至少要带领财务、营销、人力资源等职能部门的主管一起去樟树两三次、现场办公，扎根一线，以此鼓舞士气，对项目的整体规划设计、工程建设、装修标准、成本控制、工程招采、工程质量等方面进行严格把控，加快项目建设进度。

通过攻坚战，樟树项目实现建设阶段性完工，进入项目运营和市场营销阶段，一场更加艰巨的挑战正等着我们……

---

[1] 冬季迎春攻坚战的目标分三阶段，第一阶段到 2022 年底，命名为“冬季攻势”，以 12 月 31 日为期，樟树项目室内装修完毕。第二阶段叫“迎春冲刺”，以 2023 年 2 月 10 日为期，养老照护业态正式开业并实现试运营。第三阶段以 3 月 15 日为期，中医业态正式开业。

9.4 运营为王，品牌为先

相比樟树裕元谷的工程建设，运营才是我们更为关心的环节。运营关乎成败，只有通过运营把裕元谷品牌做出影响力，得到市场认可，才能真正打造元亨祥康养业务的核心竞争力，才有可能打造成功的商业模式。

运营为王，品牌为先。我们期待通过在樟树打造康养项目示范案例，沉淀整体规划、设计施工、人员培训、招商管理等运营经验，促进品牌输出。在“术”的层面，我们提出“以轻托重、轻重并举”：以轻托重，通过轻资产的运营实现重资产的长期回报；轻重并举，拓展市场规模，进行复制输出，培育团队的拓展能力、管理能力、资本运营能力。土地、房屋、景观、设施是樟树项目的重资产，通过项目的逐步推进正在渐成规模；产品、业态、服务、流程是樟树项目的轻资产，精心打磨商业模式并形成闭环后，即可通过输出轻资产复制推广樟树模式。

以产权出售回笼资金、以使用权出租获客、以优质运营服务实现长期收益，这是樟树项目必须长期坚持的经营思路。元亨祥以专业投资人的身份进入项目操盘运营，能够快速适应并有序推进，离不开善借善成的智慧——为了高效提升运营能力，我们聘请了第三方专业咨询团队，借助“外脑”练内功。引进了经验丰富的专业人才加盟，为元亨祥的运营团队注入新鲜血液。元亨祥旗下拥有元針堂等多个生命健康产业IP，同时拥有多个生命健康领域内的合作伙伴IP，引入优质品牌实现服务的专业专注、尽善尽美。

针对中医养生特色服务，我们推出自主品牌“养元里”，以慢病[1]管理作为中医养生服务落地的抓手，为亚健康人士提供专业的健康管理方案。《中国国民健康大数据报告》显示：我国目前有3亿慢病人群，慢病的患病率高达23%。但针对慢病人群的服务和产品供给严重不足。而中医中药在治疗和预防慢病方面具有显著效果，中医倡导“治未病”、未病先防、未老先养，通过疏通经络、滋

[1]　“慢病”一般指慢性非传染性疾病，常见的慢病主要包括心脑血管疾病、癌症、糖尿病、慢性呼吸系统疾病等。由于慢病起病隐匿，病程较长且病情迁延不愈，病因复杂，往往导致病人脑、心、肾等重要脏器的损害，严重的甚至造成伤残，影响劳动能力和生活质量，且医疗费用极其昂贵，增加了社会和家庭的经济负担，堪称影响当代人健康和幸福生活的“隐形杀手”。

养血气，预防、缓解和治疗慢病。“治未病”正在成为中医医疗机构的重点发展方向。围绕气血两虚、高血压、糖尿病等几大常见慢病，以针法、丸法、药法、疗法、功法“五法合一”的特色国医方案，为客户量身定制包括药膳、国学在内的综合解决方案，将中医诊疗由“病中治疗”向“病前管理”延伸。

裕元谷中医养生特色服务主要集中在公共活动中心，共五层，一层为康养康复产品展示区，二、三、四层分别承载国膳、国学、国医服务，五层为大型报告厅。国膳以饮食调理身体，我们在全国范围内寻找和引入专业药膳品牌，为客户提供优质体验；国学以中华传统智慧开阔心境，引入上海的浦江书院、南京的罗水北斗书院以及樟树本地书院团队，为客户提供精神盛宴；国医以传统中医药疗法预防和治疗疾病，除了引入元亨祥旗下的元針堂外，还与北京中医药大学国医馆、江西中医药大学等专业机构合作，为客户提供专业、丰富的国医服务。此外，我们也在收集作为非物质文化遗产传承的中医养生功法、疗法等，以及民间汤剂、药剂，运用于慢病管理。

针对养老照护服务，元亨祥推出专业品牌“嘉照护”，面向失能失智老年人群，提供高端照护服务。“嘉照护”以高端定制化的活动空间服务、照护单元配套服务、标准化生活照料服务、精细化的膳食服务等多方面、全覆盖的服务体系为失能失智长者们提供全面升级的服务体验，提升他们的生活质量。

2022年10月27日，元亨祥在樟树组织召开了“嘉照护运营管理体系专项汇报及研讨会”，会议确定了“嘉照护”可以探索的运营模式——品牌合作、委托管理、自建品牌、服务采买；明确了“嘉照护”服务内容，包括医养康复特色、科学膳食、专业认知症失智照护等，聚焦于长者社交、心理、健康、生理四个需求维度，提供安居、安养、安康的优质服务。

从产品定位、功能业态、运营模式三方面，我进一步强调了项目后续运营的具体方向：对于产品定位，聚焦于中医养生、养老照护、康复护理三类业态，一直未曾改变；对于功能业态，再次明确樟树项目只做二级中医康复医院，一方面樟树有着中国药都的资源禀赋，另一方面也符合客户需求，具有可行性；对于运营模式，我们的定位是自建品牌、赋能投资，我们一定要自建品牌“嘉照护”，一方面要自建标准，另一方面要自建运营管理团队。

最后，我向团队提出要求，运营商可以继续比选，工作还要按计划往前推，一定要在2023年3月前敲定下来。在这个过程中要“不急又急”：不急着做决定，急的是打磨产品、扎实推进！

在实际运营过程中，我们秉承严格谨慎、对客户负责的态度，逐步开放床位。2023年上半年，我们首期开放75张床位，就是为了能够在运营端及时吸纳来自市场和运营最一线的反馈，小步迭代、快速优化，先把75张床位打造成服务标杆，然后再扩大开放数量，为更多客户提供优质服务体验。

针对康复护理服务，我们以自建的二级中医康复医院为主要载体。医院以中医康复科为主要特色，从老年人的需求出发，设置神经康复科、疼痛康复科和老年康复科等科室，总计规划200张床位。康复医院整体的经营思路可以总结为“大专科、小综合”——

突出康复医学科，注重内科、外科，弱化常规五大科室[1]中的其他科室。在医院建设中，我们不追求大而全，而是主打康复护理服务。

中医康复医院的客户群体定位于术后和病后康复人群，一方面解决公立医院住院床位紧缺的痛点，一方面弥补家庭照护在专业护理中的不足：绝大多数家庭无法像医院一样，具有康复师、营养师、护士、药师等专业团队，提供换药、注射、造口管理、药物管理等慢病管理全周期服务。在这里，术后患者可以获得中医治疗、自然康复法、饮食疗法、情志调理法、运动健身法等专业康复服务。

我们充分发挥上海资源的优势，整合优质医疗资源，通过远程会诊、专家专项巡诊等方式，促进一线城市名医资源下沉到樟树，将葛玄养生小镇的二级中医康复医院打造为江西省示范标杆项目。

探索运营樟树项目的过程中，从养元里、嘉照护到二级中医康复医院，产品和服务日益丰富，但仍未达到理想中的状态。在我们接触樟树项目的同时，元亨祥开启了在保险经纪领域的探索之路。几年间，樟树项目的建设和保险经纪的探索如同两条各自奔腾的支流，终于在2022年相汇，融合为樟树项目“康养+保险”的独特优势。

[1] 五大科室指内科、外科、妇科、产科、儿科。

9.5 保险经纪，融合发展

一直以来，保险行业和生命健康产业有着紧密联系。从消费端到生产研发端，生命健康产业中的各个环节都与保险业务密切相关，在服务场景和受众群体上高度契合。

随着经济发展、社会进步，客户的保险意识明显提升，买保险就是买健康、买保险可以对冲风险的理念逐渐深入人心，市场需求不断增长。我们深耕生命健康领域应该有保险业务的加持，可以帮助元亨祥增加客户黏度和忠诚度，有助于拓展市场、提升信用、增强竞争力。

2019年，元亨祥获取了保险经纪牌照，正式进入保险经纪行业，为公司未来发展提前落子谋篇，但尚未确定保险经纪业务的战略定位和经营策略。如果元亨祥按照传统的保险代理方式经营，不仅组建销售团队的成本很大，而且竞争激烈，等于进入一个传统领域“抢饭吃”，这种模式与元亨祥一直以来的经营理念格格不入。

2020年，我们针对保险经纪业务频繁进行市场调研和行业交流，发现差异化和定制化是保险行业创新的大势所趋，行业内已经有企业通过产品创新打开了细分领域的市场空间。

2021年3月，通过与保险业内人士多次交流，我豁然开朗，得出结论：如果脱离元亨祥的经营定位，按照传统保险销售模式，势必拉长业务经营战线，元亨祥的资源无法支撑，只会分散我们的精力，从而拖累其他业务的正常发展，削弱我们既有的核心竞争力。这样，保险经纪业务在元亨祥就失去了存在的价值。因此，保险经纪业务只能围绕元亨祥聚焦的生命健康领域展开，成功研发定制健康保险产品，找到保险经纪业务的实施路径，服务元亨祥生态圈客户，融入并促进各业务板块的共同发展。

“一体两翼”中的“两翼”就是指以投资与保险为两翼。元亨祥对生命健康产业的投资已经开始逐步落地：生命健康产业园投资业务蓄势待发，元亨尚儒养生堂、养生谷、康养城等产品线经过深入市场调研、实地项目考察，各项目同步推进……面对越来越多的客户资源、项目资源、产业资源，让我们更加明确了保险经纪业务的发展思路和战略定位：根植产业、整合资源、定制开发、融合发展，成为生命健康保险产品定制服务商。

2021年10月，银保监会印发《关于进一步丰富人身保险产品供给的指导意见》，要求创新发展各类养老保险产品，探索以适当方式将长期护理责任、风险保障责任和养老金领取安排与老龄照护、养老社区等服务有效衔接。2022年4月，国务院下发《关于推动个人养老金发展的意见》，明确推动养老"第三支柱"[1]的发展。这些政策的发布，进一步增强了我们顺势而为的信心，让元亨祥的保险模式创新备受鼓舞。

我们不断引进专业人才，完善保险业务团队。从2022年初开始，我要求团队从公司"一体两翼"的战略高度出发，重新定位保险经纪业务的商业模式，研发创新产品。

2022年3月，我与团队就商业模式进行了持续深入讨论。在讨论过程中发现，团队没有真正领会元亨祥开展保险经纪业务的战略意图，仍然从传统的保险经纪业务出发，本质上没有脱离"代理代销"的中介思维。我再次强调，元亨祥要做的保险经纪业务不是传统销售业务，而是基于元亨祥主营业务的保险产品定制研发。

业务团队就此展开了艰难探索。创新不是在摩肩接踵的康庄大道上抢占市场，而是在人迹罕至的荒郊旷野中开辟新路。我多次坚定地告诫团队，我们要做的业务必须和生命健康产业相结合，

[1] 中国的养老保险制度是一个"三支柱"体系。第一支柱是基本养老保险，即人们常说的养老金，第二支柱即企业年金和职业年金，第三支柱包括个人储蓄性养老保险和商业养老保险。

目前亟须探索“康养+保险”这一模式，如果跑不出来，我们宁可不做！

功夫不负有心人。2022年6月底，保险经纪团队在与一家全球性再保险[1]公司交流时受到启发，打开了思路，决定瞄准失能失智人群研发定制产品，樟树项目为这一构想落地生根提供了肥沃土壤。在樟树项目的业务场景中，失能失智人群可以投保，第三方合作保险公司按照保险责任，通过委托向康养机构支付护理费用。

失能失智委托支付护理费用的保险产品成功研发定制意义重大。第一，缓解了非健康人群难以投保的痛点。“一人失能”往往导致“全家失衡”，随着失能失智老人数量的增长，对他们的护理已经成为我国人口老龄化进程中的突出问题。非健康人群投保风险大，特别是失能失智人群被大多数传统保险产品拒之门外，我们研发出向他们开放的保险产品，能更好地满足客户、市场、社会需求。第二，实现了保险机构对康养机构的资金支付。这为开发具有保障功能的护理险产品提供了可借鉴的经验，不仅能面向失能失智人群，也可以面向中医养生、养老照护、康复护理等其他客户群体。

---

[1] 再保险（reinsurance）也称分保，是保险人在原保险合同的基础上，通过签订分保合同，将其所承保的部分风险和责任向其他保险人进行保险的行为。在再保险交易中，分出业务的公司称为原保险人或分出公司，接受业务的公司称为再保险人，或分保接受人或分入公司。再保险转嫁风险责任支付的保费叫作分保费或再保险费；由于分出公司在招揽业务过程中支出了一定的费用，由分入公司支付给分出公司的费用称为分保佣金或分保手续费。

保险经纪团队一鼓作气完成了商业模式的设计，除“保险+康养”外，还提出了“保险+家办”“保险+产业”模式。“保险+家办”为善世嘉誠家办客户量身定制高端保险产品，搭建以财富传承类保险产品为基础的综合管理平台，为客户提供健康管理服务与资产配置咨询服务；“保险+产业”则围绕元亨祥生态的业务场景，通过保险产品的研发定制，实现客户—保险—产业的业务闭环，为元亨祥生态圈企业提供保险资源赋能。

2022年底，团队选定合作伙伴，成功推出了泰享尊老团体护理险，在樟树项目先行落地，同时继续探索泰享尊养长期护理险和颐养计划等系列定制保险产品，不断努力丰富产品种类，为客户提供更加多元化的产品，全方位满足客户需求。

战略定位从模糊到清晰，经营实践从探索到落地，保险经纪业务的商业模式紧紧围绕元亨祥生命健康主业，有所为有所不为，保持战略定力，不偏离主航道，逐渐显现出与其他业务板块融合发展的态势。我们相信，保险经纪业务的探索将再次证明：只有守得住坚持的孤独，才成得了辉煌的事业。

元亨祥在樟树项目上倾注了大量资源和心力，致力于打造“康养+保险”的“樟树”样本。樟树裕元谷建成并投入运营后，也只是1.0版本，此后还会不断升级、迭代，走向更远的未来，使其成为元亨祥“养生谷”产品线的代表作，致力于建设中医药康养诊疗示范品牌，打造高端养生标杆作品。

我们希望通过一段时间的努力，在样本完善、模式成熟的基础上，抓准时机，实现快速复制，让100个裕元谷在五湖四海生根发芽，成为惠及民生的养老养生福地。让裕元谷成为生命健康领域一线品牌，扩大元亨祥生命健康产业投资运营能力的声量，促进元亨祥康养事业蓬勃发展。

第十章

生物医药：潜心科技原创　培育头部企业

10.1　借船出海，合作共赢

樟树项目的专业投资、长期运营，让我们再次体会到坚持长期主义的重要性。生命健康领域发展前景广阔，从“想做”到“做到”再到“做成”，需要谋定而后动。

从政策层面来看，《“健康中国2030”规划纲要》（后文简称“《纲要》”）的推出，为生物医药行业规范化发展拉开了序幕。《纲要》提出的“健康优先、改革创新、科学发展、公平公正”四大原则，为中国生物医药行业提供了巨大想象空间。

从市场层面来看，最近几年的行业综合数据显示，国内卫生支出费用持续增长，而且与发达国家存在较大差距，未来的增长空间依然可观。无论是国家对医疗卫生发展提出的紧迫要求，还是居民本身对待医疗的态度，都发生了重大变化。人口老龄化加速、居民疾病谱的变化以及医疗资源结构的重塑，诸多因素叠加使得国内生物医药市场不断扩大。生物医药行业的整体投融资规模，始终在投资行业内占据举足轻重的位置，资本的青睐、基础科学的进步、医工交叉的融合、多学科联合等因素共同助力下，资本市场在生物医药行业书写了一个又一个科技创新的精彩案例。

从技术层面来看，越来越多生物医药企业意识到提升技术实力特别是科技原创能力的重要性。生物医药行业具有产品种类多而杂、单一产品市场空间小的特性，需要企业不断通过自主研发或者并购的方式打开发展空间。这让行业头部企业具备了专业化、精细化、特色化的特征，深度契合国家鼓励“专精特新”企业发展、解决“卡脖子”问题的大方向，也符合元亨祥“坚持科技创新、引领产业升级”的投资理念。

综合分析政策、市场、技术等多方面因素，我们认为在审批流程简化、税收负担降低、市场需求增长、科技创新加速等背景下，国内生物医药行业呈现蓬勃发展的态势，可谓千军万马、群雄逐鹿，成为全球生物医药领域的后起之秀。

审时度势、顺势而为。在生物医药领域，我们瞄准痛点、迎难而上，布局基因和细胞治疗领域的原创新药投资，跑出元亨祥的加速度。

生物医药领域有很高的专业门槛，需要增强对项目的辨识力。一方面，我们着力提升投研能力，更为精准地识别、评估前沿生命科学技术，重点关注尚未被满足的重要临床需求。另一方面，我们在探索中逐步认识到，通过与优质资源平台合作，借船出海或许是最高效的方式。这时，张江项目进入我们的视野。

2019年8月，我通过朋友获悉上海张江科技创业投资有限公司（后文简称“张江科投”）正在发起设立浦东生物医药专项子基金（后文简称“专项基金”），对社会资本开放。这位朋友问我是否有兴趣参与。元亨祥正在积极布局生物医药领域投资，张江项目与我们的战略发展方向十分契合。

经过一段时间的接触，我们对张江的了解逐渐清晰、深入：张江科学城是中国首个以生物医药为产业定位的产业园区，云集了生物医药行业的领军企业与一流研究团队，生物医药产业在园区内占据半壁江山。张江药谷作为张江科学城的重要组成部分，经过二十多年的发展，已成长为国家级医药产业高地，汇聚了国内外生命科学领域一流企业、科研院所及配套服务机构超过400个，全球医药十强中已有七家落户张江。在中国科创最前沿，“上海的张江”一步步成长为“中国的张江”“世界的张江”。产业的高速发展往往离不开资本的助力，张江科投在张江科学城的发展过程中起到了重要作用，投成培育了一批批优质项目，投资业绩有目共睹。

2020年5月，元亨祥与张江的合作方向变得越来越具体。双方在交流中发现，张江稳健的投资风格与元亨祥稳健发展的经营理念非常一致。我们已经明确提出“一园三镇”的产品定位，无论是在医药产业投资方面，还是在承接张江产业外溢、导入中西部地区方面，我们和张江都有广阔的合作前景，双方一拍即合。

受此启发，我们在“三个上海”品牌理念的基础上，正式提出“五个上海”：“上海资本、上海资源、上海品牌、上海模式、上海服务”，进一步强调资本运营能力和产业运营能力，在拓展外埠市场时彰显元亨祥的品牌优势，形成独特竞争力。

与张江开展合作，为元亨祥进军生物医药投资领域创造了良好条件。依托张江的资源优势，元亨祥得以快速站立在行业潮头，登上生物医药创新策源高地。

专项基金专注于科创属性的项目投资，这与元亨祥在生物医药领域的投资策略不谋而合。专项基金重点关注创新药、医疗器械、医疗服务等生命健康领域具有增长潜力的优质企业，总规模30亿元，其中首期规模为10亿元。张江聚集着比肩世界领先水平的创新资源，丰富的生物医药优质项目对资本旺盛的需求，让投资充满无限可能。

经过半年多的沟通洽谈，2020年12月16日，专项基金宣布首期关闭，元亨祥出资成为第二大LP和GP[1]第二大股东。当日首批意向投资项目同步签约，标志着专项基金进入实质性运作阶段。第一批入选项目涵盖了肿瘤诊断、重大疾病装备研发等科技最前沿领域，蕴含全球首创“基因”[2]。

2021年8月，元亨祥同步发起设立“元亨祥·张江生物医药新技

[1] GP：普通合伙人，全称General Partner，泛指股权投资基金的管理机构或自然人，是公司决策和执行的直接参与者，享受分红并承担亏损。

[2] 引自“浦东发布”官方微信公众号文章《浦东生物医药子基金投入运作，首批意向投资项目签约》。

术精选投资基金”，定位为专项基金的平行基金，总规模10亿元，首期规模3亿元。我们依托张江的生物医药资源，聚焦生物制药、医疗器械以及医疗服务领域，优选投资癌症治疗、尖端医疗器械研发等方面的科技创新项目。

截至2022年底，元亨祥直投和通过专项基金参投了一批生物医药项目：致力于研发创新型突破性肿瘤免疫技术产品的易慕峰生物科技；专注于以NK细胞为基础的创新细胞药物技术转化和开发的恩凯细胞；专注于小分子创新药研发、已建立免疫治疗肿瘤和乙肝两个领域数个管线产品的维申医药；聚焦于单克隆抗体药物和创新型抗体偶联物（ADC）新药研发的诗健生物；致力于高端改良型制剂研发和产业化的奥全生物；专注结构性心脏病领域医疗器械的科凯生命科学；致力于为辅助生殖领域提供前沿技术及为全球辅助生殖实验室提供一体化解决方案的韦拓生物；致力于利用领先的机器人和人工智能技术，为生命科学领域提供新一代的模块化产品及自动化解决方案的奔曜科技；聚焦生命科学产业链上游核心原料，从事分子、蛋白和细胞三大品类生物试剂的研发、生产与销售的翌圣生物；自主研发生产四大主流吸入剂型的欧米尼医药；提供从临床前研究到商业化生产一站式CDMO服务和定制化细胞培养基研发及生产的臻格生物；专注于心脏电生理诊治，特别是房颤治疗创新解决方案的安钛克医疗……这些科创项目让我们更加底气十足地在生物医药领域乘风破浪。

与张江的合作成为元亨祥借船出海的示范案例。我们循序渐进，经历了从“先学会做LP，再做GP”到“既是LP又是GP”的过程，为企业发展持续注入动能。

与张江携手共赢、共谋发展，让我们感受到由此产生的效能，正所谓“好风凭借力，送我上青云”。继张江之后，我们又依托上海市生物医药行业协会[1]（后文简称“上海生物医药协会”），持续加速在生物医药行业内的资源积累。

2022年7月初，我在上海市南昌商会组织的一次企业参访活动中，与上海生物医药协会进行了关于生物医药领域科研成果产业化的深入探讨。这次偶然的机会，成为双方合作的起点。

在活动中，我详细介绍了元亨祥的发展历程和“专注价值投资、聚焦生命健康”的经营定位，对方非常认可我们的经营思路，表示双方在生物医药产业化方面合作前景广阔。上海生物医药协会是行业资源聚集的平台，这里不仅汇聚了院士、科学家等顶尖人才，还积累了一批亟待成果转化的获奖项目，通过协会可以接触到很多处于不同发展阶段的生物医药项目。

科研成果产业化离不开资本的助力，围绕着如何推动产业化，我们从企业的不同发展阶段着手，提出了共同成立生物医药孵化基金、成长基金、发展基金三只专项基金的想法。孵化基金用于扶持初创项目，成长基金用于助力成长期项目，发展基金用于投资

[1] 上海市生物医药行业协会是在上海从事生物医药业的企业、机构及相关单位自愿组成的跨部门、跨所有制的非营利的行业性社团法人，会员单位近 300 家。行业涵盖现代生物技术和医药领域从研发、生产到流通整个产业链。协会还发起并承担了“谈家桢生命科学奖”组织工作。谈家桢生命科学奖被誉为“我国生命科学诺贝尔奖”，已成为中国生命科学领域最具影响力的奖项之一。

Pre-IPO[1]项目。双方以这三支基金为平台，在生物医药产业的科研转化、成果孵化、产业化落地等方面开展深入合作。

项目推进得非常顺利，双方从初步接洽到达成合作，仅用了不到一个月的时间。2022年7月30日，我们与上海生物医药协会正式签署战略合作协议，上海市生物医药行业协会产业化办公室、慢病管理专家咨询委员会在元亨祥总部成立。

上海市生物医药行业协会产业化办公室定位为生物医药产业化落地的执行平台。西方发达国家生物医药科研成果转化率为25%~30%，相比之下，我国的这一数据仅为5%左右。数据的背后不是干涩空洞的事实，而是一幕幕真实场景串联起来的行业现状，其中几多辛酸和无奈。仅为5%的科研成果转化率，意味着在生物医药领域，大量具有应用价值的成果不能及时走出实验室、进入市场，科研人员夜以继日、勠力攻坚得来的科研成果，并没有迎来预想中造福万千患者的局面，而是陷入“养在深闺人未识”的尴尬境地；在医患关系的另一端，这一数据意味着很多患者在治疗过程中需要的药物，原本可以走上药厂的流水线，但是由于科研成果没有得到转化，治疗需要的药物未能到达患者。这样的现实令人痛心。

[1] Pre-IPO是指公司上市之前或预计在不久的将来上市时的退出方式，通常是公司上市后从公众资本市场出售股票退出。Pre-IPO基金退出方式一般为：企业上市后，从公开资本市场出售股票推出。同投资于种子期、初创期的风险投资不同，该基金的投资时点在企业规模与盈收已达可上市水平时，甚至企业已经站在股市门口。因此，该基金的投资具有风险小，回收快的优点，并且在企业股票受到投资者追崇情况下，可以获得较高的投资回报。在美国、欧洲、香港等资本市场上，规模较大的投资基金，如高盛、摩根士丹利等，在其投资组合中，Pre-IPO投资也是重要的组成部分。

真正实现科研成果产业化并不容易。元亨祥对生物医药企业进行五维评价——核心技术、拳头产品、商业模式、专业团队和公司治理。核心技术、拳头产品、专业团队、公司治理使企业具备存活的基础，但真正将科研成果转化落地、跑通商业模式才是能否活下来的关键。商业模式不能光看技术，还要看技术和产品的有机结合。目前，不少生物医药企业都是说着拗口的专业名词来融资，在科研成果转化和构建商业模式上存在明显短板，行业现状也造成了“劣币驱逐良币”的逆向选择效应。

“良币”亟需资本助力，才能真正在行业内脱颖而出。产业化办公室成立后，很快就与元亨祥联合发起两只投资基金：生命健康孵化投资基金和生命健康产业投资基金，依托协会资源，筛选优质生物医药项目进行投资。

随着我国人口结构老龄化问题日益凸显，患者数量快速增长[1]，慢病管理市场需求与日俱增。慢病管理专家咨询委员会的成立，有助于提升元亨祥对于慢病管理细分领域的投资能力和服务水平，从而使元亨祥在慢病管理领域的发展更深、更实、更有影响力。

依托张江和上海生物医药协会，元亨祥快速在行业内树立了专业品牌形象，找到了发展生物医药产业的有力抓手，快速完成生物医药领域的投资布局。

---

[1] 以心血管疾病为例，2019 年，我国农村、城市的死亡原因中，心血管病分别占据 46.74% 和 44.26%。我国现有心血管疾病患者（包括高血压患者）人数高达 3.3 亿，医疗需求旺盛。

10.2　聚焦科创头部，投资 Pre-IPO

选准生物医药赛道后，我们持续探索深耕，打造差异化竞争优势，寻求安全、可持续发展之道。一路走来，对市场的分析更加深入、思路更加清晰、步伐更加坚定。

生物医药领域投资竞争激烈，只有形成差异化竞争优势，才能在经营中赢得先机。2022年三季度，我国以276起融资事件、36.69亿美元（约261亿人民币）融资规模领跑全球医疗健康融资事件排行榜[1]。数据表明，我国生物医药行业如火如荼的发展态势已经引起了全球资本市场的关注。

通过深入分析，我们认为要想形成差异化竞争力、在行业内占据一席之地，选择头部技术与平台型

[1] 数据来源：《元亨祥 2023 年投资策略报告》，动脉网。

企业十分关键。头部技术是企业能够成长为“行业大象”的起点，而选择平台型企业则是对研发进行风险控制的最有效举措之一，这和投资界常说的“鸡蛋不能放在一个篮子里”异曲同工。平台型企业具有丰富的产品管线储备，在研发新药的过程中体现了“组合型投资”的思维。如果一个新药的研发在审批中出现问题，那么可以灵活地转向其他管线，降低失败风险。

生物医药领域科技进步快、市场变化大，只有建立过硬的投研体系，才能洞察行业趋势，实现可持续发展。元亨祥通过自有投研体系，密切跟踪业内科创属性新药研发进程。另外，由于新药研发周期长，审评机构每一步许可都可能成为项目增值的加速器，因此我们同样关注从研发到准入的每一个重要里程碑事件，不断挖掘投资的潜在价值。

国内生物医药产业目前尚存在一些短板：创新少，药物研发同质化严重。虽然行业内都在进行科技创新，但真正的创新，特别是原创的技术应用并不多，本土创新药占医药市场的比重仅为9%，日本、德国等国家却超过了50%，美国更是接近80%；很多项目估值虚高，随便一个项目动辄几亿元甚至几十亿元，用一个PPT就想拿到数千万元融资的现象在行业内屡见不鲜；有的初创企业管理水平偏低，规章制度不完善，法人治理结构不健全。这些问题导致真正的好项目凤毛麟角。

行业存在种种问题，元亨祥更需要制定足够安全稳健的投资策略，才能避免路上的“雷坑”和“险坡”。经过反复研讨和实践，我们决定优中选优，将生物医药的投资策略调整为：专注Pre-IPO

科创头部项目，重点布局细胞治疗和基因治疗两个赛道。

专注Pre-IPO项目，优选行业内处于领先地位的头部企业，元亨祥投资的成功率将进一步提高。Pre-IPO投资有三大优势：第一，安全性相对较好——具备业绩增长的基础，保障条款充分；第二，投资收益相对较高——上市回报倍数高，其高收益主要来源于估值倍数和业绩上涨带来的乘数效应；第三，投资周期相对较短——项目退出更快、更有保障。

Pre-IPO投资通常可以获得项目较高溢价，进入二级市场，有更大的成长空间，可以获取超额收益。Pre-IPO项目通常需要进行严格的审批和监管，这些审批和监管程序可以保障投资者的权益，降低投资风险。同时，生物医药类Pre-IPO项目拥有强大的知识产权和专利保护，有利于保障投资者的利益。

生物医药企业往往具有较强的技术壁垒、专利保护等优势，一旦成功上市，就有可能成为行业的领导者或者“独角兽”，带来较大的社会效益和经济效益。投资机构在Pre-IPO阶段，可以通过专业的团队和资源，对生物医药项目进行深入分析和评估，筛选出具有高质量和高潜力的项目，提前进入并占据优势地位，分享其未来的增长潜力和市场价值。

生物医药类Pre-IPO项目大多处于基础研究阶段或临床试验阶段，这些阶段的项目往往只需要数年的时间就可以完成孵化，相对于其他行业的项目，投资周期更短。此类项目通常会在上市之前被收购或者被其他企业投资，这些企业会提供更高的估值，投资者可以通过项目的退出获得更高的回报。

细胞治疗和基因治疗是继小分子、大分子靶向疗法之后的新一代精准疗法[1]，有望突破传统治疗模式，运用前沿科研成果，为癌症、慢病等难治病提供治疗方案。细胞治疗和基因治疗市场前景广阔，背后是无数患者对于“生”的希望，这令我们更加感到任重道远。

易慕峰是一家致力于通过细胞治疗为癌症患者解除病痛的企业。2022年1月7日，元立方资本完成对易慕峰的A轮投资。2022年下半年，易慕峰启动了A+轮融资，元亨祥作为老股东，看好其在肿瘤治疗方面拥有创新型、突破性技术，追加了新一轮投资。易慕峰的核心技术是通过CAR-T[2]细胞疗法清除CTC[3]。简而言之，

[1] 细胞治疗与基因治疗通过将治疗性基因导入人体靶细胞等方式，纠正基因缺陷或直接发挥作用，进而治疗和治愈疾病。基因治疗为肿瘤等难治性疾病提供了全新的治疗理念和手段，具备一般药物无法企及的长期性、治愈性疗效；细胞治疗则是利用、改造人类免疫细胞，将之药物化的一种治疗方法，因其史无前例的“活药物”特性，以及个性化定制化的产品特征，细胞治疗被赋予了前所未有的发展前景，已成为各国企业竞相布局的新赛道。

[2] CAR-T 指嵌合抗原受体 T 细胞免疫疗法，英文全称 Chimeric Antigen Receptor T-Cell Immunotherapy（T 细胞，也叫 T 淋巴细胞，是人体白细胞的一种）。CAR-T 是一种治疗肿瘤的新型精准靶向疗法，通过优化改良在临床肿瘤治疗上取得很好的效果，是一种非常有前景的，能够精准、快速、高效，且有可能治愈癌症的新型肿瘤免疫治疗方法。

[3] 肿瘤治疗中最让患者和家人痛心的问题是因癌细胞扩散、转移导致的病情复发。实体可见的肿瘤并不可怕，完全可以靠手术、介入、消融等手段解决，可怕的是肿瘤转移，这才是最终导致患者死亡的主要原因。而引起肿瘤转移的“始作俑者”则是 CTC，也就是循环肿瘤细胞（circulating tumor cell）。通俗地讲，CTC 从实体肿瘤原病灶脱落，大部分进入血液后会被人体免疫系统杀死，少数能够逃逸并发展成新的病灶，从而增加恶性肿瘤患者的死亡风险。

CAR-T是一套导航系统，提供精准坐标，从而高效准确地发现并消灭原本不易发现的CTC，扼制肿瘤复发。未来，易慕峰将结合更多联合治疗方案，期待将末线患者的存活时间从3~6个月延长至3~6年，为更多患者点燃希望，给千万家庭带去更多“活下去”的可能。易慕峰取得的初步成绩和良好的发展态势，检验了元亨祥生物医药投资策略的前瞻性和专业性。

投资需要理性，但是投资带来的社会价值可以是感性的。我们时常畅想这样的场景：未来，千千万万个患者带着痊愈的欣慰笑容走出医院，他们或许不知道元亨祥是谁，但是我们知道，笑容的背后，与元亨祥有关。这是在投资回报率之外，让所有元亨祥人更加引以为豪的事情。

10.3　硬核科技，医疗器械

与生物医药的爆发式增长一样，医疗器械行业的发展日新月异。党的二十大报告提出，到2035年我国发展的总体目标中，建成科技强国、健康中国是两项重要使命任务。医疗器械行业的发展离不开科技创新，和人们的医疗健康息息相关，正属于这两大国家发展使命任务的交叉领域。

从商业价值来看，市场的广泛需求和政策的强劲春风，共同孕育着中国医疗器械产业这一高速发展的万亿市场。据《中国医疗器械行业蓝皮书》统计，2016—2021年中国医疗器械行业市场规模呈现逐年上升趋势，2021年中国医疗器械行业市场规模达到9282亿元，同比增长20.22%。未来10年内，我国医疗器械行业将维持高速扩容态势，复合增长率将长期保持在15%~20%。

从社会价值来看，医疗器械行业的发展不仅是产业问题，还是事关每个人看病就医的民生问题。有专家认为，进口医疗器械价格高是导致患者看病贵的主因，国产医疗器械的生产成本和后期维护费用确实比国际同类产品普遍偏低，所以实现医疗器械国产替代，将极大降低民众的医疗负担，切实惠及百姓。

在政策层面，我国早已认识到医疗器械国产替代的重要性和必然性，并进行了政策布局。早在2015年5月，国务院颁布的《中国制造2025》要求全面推进实施制造强国战略，把高端医疗设备纳入战略任务和重点，明确要求大型医疗设备国产化率必须提高。自此，多部委先后颁布一系列政策，逐步扎实推进落实医疗器械行业国产替代，并要求在国产替代的基础上持续创新。同时，随着健康中国建设的逐步深入推进，我国各层级，特别是基层医疗器械基建水平迎来了高质量发展的新机遇。

在技术层面，得益于基础科学研究的进步与医工交叉的融合，中国医疗器械行业的技术创新能力与日俱增，特别是国内科研实力在细分领域异军突起，在质谱仪、微流控、影像诊断设备等方面集中了多个学科的顶尖技术，为医疗器械行业实现国产替代提供了技术支撑。

在成本层面，中国已经形成医疗器械产业集群并具有较大的成本优势。[1] 中国具有高素质研发团队和技术人才，能够迅速、

［1］根据 2022 年 1 月发布的《中国医疗器械市场及投资机会研究报告》，中国医疗器械行业的产值连续多年保持 20% 以上的增长。同时，产业集聚效应显著，产业链成熟，生产成本较低。

及时地应对客户需求并提供具有较高性价比的产品。国产医疗器械行业抓住机遇，必将在全球医疗器械的竞争版图中，画上一笔亮丽的“中国红”。

在政策、技术、成本等多方利好因素的加持下，医疗器械国产替代成为不可逆转的趋势，势必有一批国内优质企业快速成长，这给元亨祥带来了巨大的投资机遇。但是，仅看好一个行业不足以支撑投资决策，我们不仅要了解行业的“势”——市场、方针、政策，还要确定具体的“术”——策略和打法。

从行业发展趋势来看，国产替代趋势开始加速。比较2017—2021年进口和国产器械的获批数量，我们发现国产器械的获批数量稳中有升，而进口器械获批数量开始逐年大幅度降低。从分类看，国产二类医疗器械远远大于进口二类医疗器械获批数量，这说明在中低端器械领域，基本实现了国产替代；国产三类医疗器械与进口三类医疗器械获批数量差距不大，但国产三类开始出现增长趋势，说明在高端器械市场，国产替代正在加速发力。元亨祥希望紧紧抓住这一难得机遇，在医疗器械投资领域有所作为，将选择具有高科技属性的创新项目作为基本投资策略。科凯生命科学正是以其硬核科技吸引了专项基金的投资目光，其研发的“LIFECLIP”瓣膜修复系统已经成功应用，意味着国产创新型二尖瓣介入器械迈入新的发展阶段。

国产医疗器械行业千帆竞发，大量极具潜力的高新企业需要资本助力，共同谱写医疗器械行业“春天的故事”。面对这样的局面，我们越发感到责任重大，希望能够发掘真正的高科技、硬科技和原创科技项目，发挥元亨祥的优势，为它们的产业转化赋能，提升配套产业链完整度。

元亨祥正在与中国仪器仪表学会、科学仪器研究院等专业机构深度交流，寻找合作路径，向着解决国产替代方向全面发力。“坚持科技创新，引领产业升级”，这不仅是我们的投资方法论，更蕴含着元亨祥对国产医疗器械产业升级的期待。我们希望通过投资，助力国产替代，在医疗器械领域看到越来越多“中国号”扬帆远航。

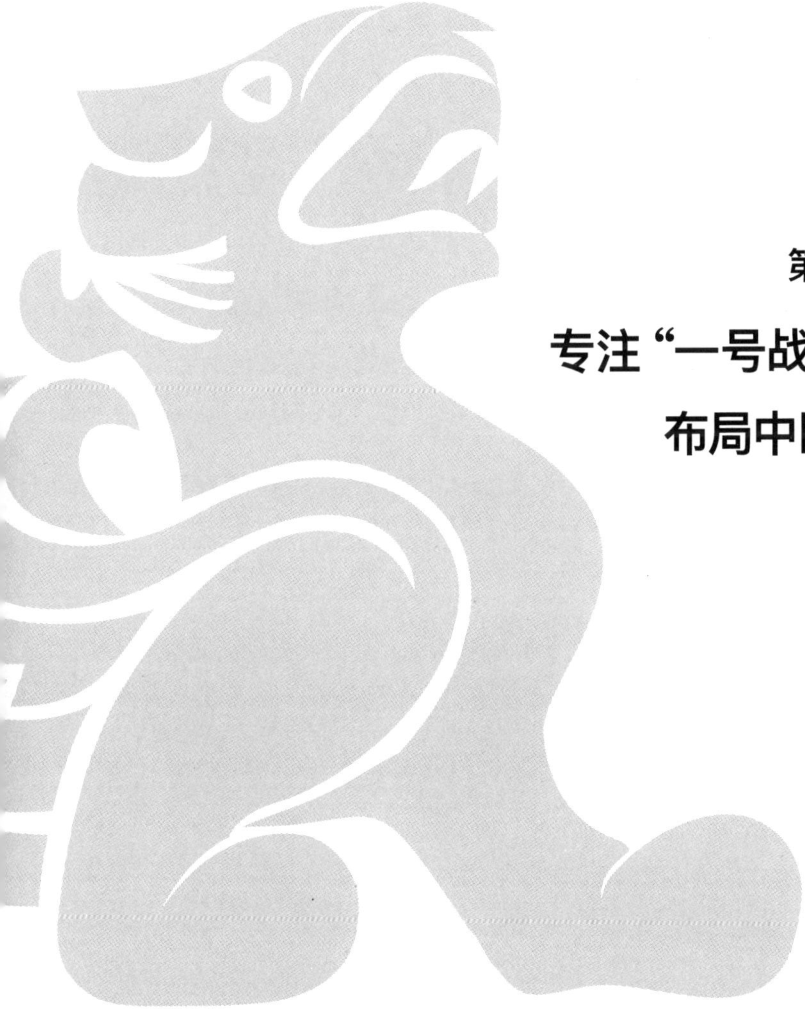

第十一章

专注“一号战略”，布局中医中药

11.1 全产业链发力，全力以赴投入

进入元亨祥总部，在文化墙上醒目的位置可以看到：“专注一号战略，中医中药传承创新。”这句话提醒着每一位元亨祥人“一号战略”的重要性，更蕴含着我们笃行不怠的坚定决心。“中医药学包含着中华民族几千年的健康养生理念及其实践经验，是中华民族的伟大创造和中国古代科学的瑰宝。”

中医药产业发展前景广阔：中医药政策扶持引导、春风拂面，元亨祥恰逢其时；中医药市场旺盛活跃、快速发展，元亨祥机不可失；中医药产业潜力巨大、未来可期，元亨祥专注聚焦。因此，我们提出了将“中药种植、中药标准、中药研发、中药制药、中药饮片、中药健康、中医治疗、中医养生、中医美容、中医文化”作为一号战略，全力以赴投资中医药全产业链，促进中医药产业发展升级，积极培育发展良好、资本青睐的中医中药上市企业，用3~5年打造中医中药产业投资的卓越品牌。

从政策力度层面来看，党和国家明确的大政方针如大海中的灯塔，为中医药产业发展指明了方向。“要遵循中医药发展规律，传承精华，守正创新，加快推进中医药现代化、产业化。”近年来，政策强调推进健康中国建设，促进中医药传承创新发展。中医药是实现全民健康的重要路径，也是实现乡村振兴的重要抓手。政府陆续出台的一系列政策让人们看到了中医药在国家公共卫生体系、健康中国建设中的无限可能。国务院2022年4月发布的《“十四五”国民健康规划》提出，充分发挥中医药在健康服务中的作用，夯实中医药高质量发展基础。《“十四五”中医药发展规划》进一步提出，到2025年，中医药健康服务能力明显增强，中医药高质量发展政策和体系进一步完善，中医药振兴发展取得积极成效，在健康中国建设中的独特优势得到充分发挥。从庙堂到乡野，从医者到患者，从科研院所到中药制药，都能明显感受到政策春风给行业带来的浓浓暖意。

从市场需求来看，我们通过分析发现，随着慢病和疑难杂症的增长，常见疾病种类和人们对健康的追求发生了变化，医疗观念自然也随之变化，由以治疗为主逐步转变为预防、保健、治疗、康复相结合。这让中医药大有可为，中医药具有治未病的预防思维，强调“防患于未然”，中医药学的医疗模式正是将预防、保健、治疗、康复相结合，治已病、治未病相结合的模式，在养生保健方面独树一帜。中医药学重视天人合一，在预防和治疗疾病的方法上较多地具有自然疗法的特性，而且中医能通过辨证论治和适当配伍减少药物的副作用，降低其毒性[1]。在九百六十万平方公里的中华大地上，人们对中医药服务和产品的需求正不断升温，无论是在北上广深还是在乡镇农村，国人越来越习惯将中医药作为诊疗疑难杂症和健康养生的第一选择。

无论在印刻着神农足迹的中国还是在崇尚现代医学科学的海外，中医药正在越来越多地“飞入寻常百姓家”：84%的日本医生在日常工作中使用汉方医学，147种汉方和192种草药进入日本健康保险报销清单；泰国宣布中医合法化，正式批准使用中医方法治疗疾病，成为中国以外第一个为中医立法的国家[2]；瑞士把中医药列入卫生保健系统；法国已经设立了多所中医药学院，培养中医药专业人才[3]；人参、陈皮、三七等66种中药材被纳入欧洲药典[4]；源于中医针灸的针刺疗法获得了80%世卫组织会员国认可……

从产业发展层面看，中医药产业高速成长。2021年，中成药和中药饮片行业在我国医药行业的收入占比分别达17%和7%，合计达到了约24%，市场规模接近7000亿元，正呈现上升态势[5]。在

---

[1] 引自元亨祥《元亨祥 2023 年投资策略报告》。

[2] 引自中国新闻社对泰国中医师总会会长林丹乾进行的专访：《林丹乾：泰国何以成为海外第一个实现中医合法化的国家？》。

[3] 引自青年报 2021 年 11 月 3 日报道：《中医药课程“走”进法国高校》。

[4] 引自 2016 年 5 月 29 日，欧洲药典中药委员会主席葛哈德·法兰兹在“中医的未来”国际峰会上的讲话。

[5] 引自元亨祥《元亨祥 2023 年投资策略报告》。

中医药行业整体向好的大背景下，一批深具发展潜力的特色中医药企业如雨后春笋般蓬勃发展，致力于做好中医药行业的“守正创新、传承发展工作，积极推进中医药科研和创新，注重用现代科学解读中医药学原理，推动传统中医药和现代科学相结合、相促进，推动中西医药相互补充、协调发展，为人民群众提供更加优质的健康服务”。

中医药投资领域参与者相对较少，尚未形成稳定的竞争格局。对于新进入者，可谓“海阔凭鱼跃，天高任鸟飞”，具有广阔的市场空间。但也不可否认，在这片蓝海中，同样翻涌着疾风恶浪，中医药行业存在着一些明显的问题：产品质量缺乏统一标准、服务质量参差不齐、企业规模不大、做出品牌的标杆企业屈指可数、企业区域分布相对分散、缺乏专业人才队伍、市场营销乱象频出等。行业内鱼龙混杂，投资项目中不乏以次充好的现象。

更令我感到十分痛心的是，虽然越来越多的人看到中医药的显著效用和巨大价值，但仍有一些人深受西方文化浸淫，西方的价值观似乎成了评判是非好坏的唯一标准，在这一思维模式下，他们对中华传统文化日渐隔膜，甚至将博大精深的中医药文化“妖魔化”。当我们富起来、强起来时，有些人的精神世界却失了中国“魂”、落了中国“魄”，中华文化的基因反而沉睡了[1]。

唱衰、抹黑中医药的不正常现象层出不穷，让我们更加意识到振兴中医药产业任重而道远，需要坚定信念、一往无前，也更激励

［1］参见《中医唤醒国人沉睡的中华文化基因——三论中医药在中华民族伟大复兴进程中的文化价值》。

了我们进军中医药赛道的决心，正所谓“千磨万击还坚劲，任尔东西南北风”。“中医药学是中国古代科学的瑰宝，也是打开中华文明宝库的钥匙。”我们希望让越来越多的人通过中医药了解中华文化——中医“天人合一”“阴阳五行”等核心理念蕴含了中华文化深邃的哲学智慧，“三因制宜[1]”“辨证论治”等方法论展现了中华民族特有的思维方式，“大医精诚”“仁心仁术”等医德内涵体现了中华民族深厚的人文精神[2]。中医药文化是对中医药产业和理论的抽象延展和升华，更是中华文化对外输出的重要载体，振兴中医药文化，坚持文化自信，是利国利民的大事、实事、好事。

元亨祥把投资中医药产业作为“一号战略”，必将“咬定青山不放松”，携手企业、医疗机构、高等学校、科研机构，推动中医药产业传承创新，我们希望通过价值赋能的力量盘活、优化中医药资源，助力中医药产业落地生根，让中医药回归国人健康生活，成为中医中药产业投资领域潮头浪尖的弄潮儿，助力民族中医药产业高歌猛进，“到中流击水”，劈波斩浪。

相信在不远的将来，人们会越来越多地看到，在中医药投资领域，一批批元亨祥人为中医药产业的振兴发展接续前行、星夜兼程。

---

[1] 中医学认为，疾病的发生、发展与转归受多方面因素的影响，如时令气候、地理环境、体质强弱、年龄大小等。因而在治疗上须依据疾病与气候、地理、病人三者之间的关系，制定相适宜的治疗方法，才能取得预期的治疗效果，这是中医学的整体观念和辨证论治在治疗上的体现。

[2] 参见《中国中医药报》2022 年 8 月 15 日评论《中医唤醒国人沉睡的中华文化基因——三论中医药在中华民族伟大复兴进程中的文化价值》。

11.2 传承岐黄文化，打造服务平台

战略一经确定，我们就朝夕不倦、矢志不渝，这是元亨祥一贯的坚持与执着。

要想在中医药投资领域闯出一条属于我们的路，必须坚持并践行长期主义，元亨祥在中医药投资赛道进行的是一场长跑：一方面，进行全产业链布局，保持全面覆盖，摸清每一个细分市场的具体情况；另一方面，向蓝海深处不断挺进，选准细分领域做深做精，率先突破，逐渐从“一枝独秀”发展为“百花齐放”。

我们心无旁骛地进入中医药赛道，开始全面布局投资中医药产业链，投身促进中医药产业创新升级的浪潮，优先向中医药领域的优质项目配置资源，

具体关注中医药材药品、中医药服务和中医药诊疗三个维度，逐步打开投资局面。

在中医药材药品方面，随着中医药行业的快速发展，科技和商业化属性不断加强，对中药细分行业的定义发生了变化，现代中药行业可分为创新性中药、颗粒配方中药、中药OTC以及中药服务四大细分领域[1]。

元亨祥聚焦创新性中药这一细分领域，以传承发展的思路开发创新性中药："旧"即是"新"，通过汇聚"名医"和"民医"，传承和发扬"经方"和"验方"。"经方"和"验方"蕴含着中医药文化的独特智慧，往往具有不可再生、不可替代的特点。20世纪50年代，国医大师朱良春先生曾将民间医药三朵奇葩——季德胜蛇药[2]、成云龙的金荞麦治疗肺痈[3]、陈照的瘰疬拔

[1] 引自《元亨祥 2023 年投资策略报告》。

[2] 传奇色彩极浓的一代蛇医季德胜先生祖籍江苏宿迁，一生与蛇紧密关联。新中国成立前，季德胜作为生活在社会最底层的"蛇花子"，闯荡江湖数十年，新中国成立前夕定居南通。1954 年，南通市政府为挖掘民间医药，遍寻名品古方。当时的市卫生局领导及著名中医朱良春（后任中医院院长）亲赴天生港一所破旧土地庙里诚邀季德胜出山。经历新旧社会两重天，饱尝人间辛酸和新社会政府关爱的季德胜，毅然决定把凝结着季氏家族六代人心血凝成的蛇药秘方献给人民政府。季德胜蛇药片不仅在医治毒蛇、毒虫叮咬方面具有神奇独特的疗效，在抗病毒、镇痛及有关医疗保健范围的功效也已日益显现。

[3] 1958 年，南通市卫生局局长赵鹏山和时任南通市中医院院长的朱良春一起登门拜访，将成云龙吸收为国家正式医生。金荞麦片正是在朱良春的极力推动下研发出来的。1972 年，成氏与中国医学科学院药物研究所、南通市中医院、南通药品检验所、南通中药厂协作研究，从成氏研制的金荞麦水剂 酒剂中提取其主要成分"双聚原矢车菊甙元"制成"金荞麦片"。

核膏[1]，从民间引入专业医疗机构，“请”入大雅之堂，造福更多患者。如果不是朱先生独具慧眼、及时出手，这些民间药方很可能已经失传。如今，随着老一代名中医故去，中医药文化传承更加刻不容缓，元亨祥希望为抢救性挖掘、抢救性保护出一份力，在传承保护的基础上，将充满中华智慧的“经方”和“验方”进一步发扬光大，造福更多患者。

元亨祥正与国家中药制药工程技术中心等科研单位和重点中医药大学开展深度合作，并与多家大学积极沟通，共建校企产学研联盟，促进科研、产业与社会资本充分协同、优势互补，促进技术创新，支持基础理论研究，推动经典名药方、院内制剂、民间药方的产业化应用。

在中医药服务方面，通过打造元亨尚儒品牌，我们为客户提供中医药健康服务，既可以让人们直观、感性地接触、了解中医药文化的独特魅力，又能通过创新产品和服务，满足社会、市场和客户需求，我们希望可以尽快将元亨尚儒的商业模式跑通，在更大范围内推广复制。

经过多年酝酿和创新思考，我们将元亨尚儒定位为中医养生堂，打造文化窗口及都市养生示范品牌。杨丽娜带领团队潜心笃

[1] 民间医生陈照为近乡远邻许许多多的患者治疗瘰疬，解除痛苦，治愈一个瘰疬病人一般只需一个月左右。20 世纪 30 年代，陈照治疗瘰疬病在南通一带已经小有名气。他治疗瘰疬病的方法是，用一块膏药掺上拔核药粉贴到鼓胀的患处。两三天后，肿处便破皮流出脓血，这个过程叫“拔核”。一周后擦净脓血，再贴新的膏药和生肌药，使之痊愈。

行，首家元亨尚儒生活馆从无到有、从0到1，于2021年7月正式投入运营。元亨尚儒以“茶道、药膳、国医、国学”为核心功能，以“中式风格、五星环境、七星服务”为发展方向，以“食饮无咎、仁者格物”为核心理念，倡导食饮有节、起居有常，是谓“养身行”；提倡法于阴阳、和于术数，是谓“养元气”；崇尚道法自然，了悟阴阳，是谓“养心神”。神形兼具、虚实兼备，养生之本也。

进入元亨尚儒，看着文化墙上元亨祥的发展历程和企业理念，闻着茶室中弥漫的幽幽茶香，感受药膳在唇齿舌尖的回味无穷，汲取中医沙龙博大精深的传统智慧，听着亲子国学讲堂内的琅琅书声，内心顿觉安宁。

茶道起源于中国，早在唐朝时期，中国人就已将茶饮作为修身养性之道。[1] 中国茶道发展演进上千年，并没有满足于以茶修身养性和茶道仪式的丰富规范，而是创新探索茶饮的养生功效，创造性地将茶与中药等多种天然原料有机结合，大大增强了茶饮的医疗保健作用，并使之获得了更大的发展空间。

元亨尚儒传承自古以来“茶养生、养生茶”的健康传统，以馥郁茶香丰富中医养生的内涵。茶叶中的有效营养成分多种多样，比如茶多酚、茶氨酸、维生素、咖啡碱等，具有抗氧化、抗过敏、预防心血管疾病等多种功效。元亨尚儒遵循中医“茶人合一”的思想，不同季节为体验者提供不同茶饮：“春夏绿，秋冬红，一年四季喝

[1] 唐朝《封氏闻见记》中记载：“茶道大行，王公朝士无不饮者。”意思是：喝茶、饮茶等茶道被广泛地推行，风靡一时，王公贵族朝臣没有不喝茶的人。这是现存文献中对茶道的最早记载。

乌龙。”另外还会根据客人的不同体质推荐不同的茶：绿茶性凉，胃火旺、易上火的人宜喝绿茶；脾胃不好的人喝红茶，新的绿茶要放一两个月再喝；有肥胖问题的人建议喝乌龙茶、黑茶……

元亨尚儒和知名中医药大学联合开发了系列养生茶产品：具有安神助眠功效的酸枣仁茯苓百合茶、有益消食降脂的山楂黄精荷叶茶、能够养肝明目的菊花枸杞决明子茶、利咽消肿的胖大海甘草茶、益肺养颜的黄精玫瑰茶等，深受被各种亚健康问题困扰的都市白领的喜爱。

药膳“寓医于食”，既将药物作为食物，又将食物赋以药用，药借食力、食助药威，二者相辅相成、相得益彰。正如古人所说：“五谷为养、五果为助、五畜为益、五菜为充，气味合而服之，以补益精气。”

元亨祥与中医药院校、专业机构和知名专家积极沟通，将他们在药膳方面的科研成果进行产品转化。我们与江西中医药大学成果转化中心携手，将其多年来整理完善的药食同源食谱形成产品，在元亨尚儒落地。走进餐厅落座，品尝药膳盛宴，人们可以感受到浓浓的中医药文化氛围，润燥补血的当归、健胃滋补的人参、祛风消肿的白芷、养肝滋肾的枸杞，一味味中药材从山间来到舌尖，成为席间来宾们的谈论焦点，也是大家品尝的美味佳肴。元亨尚儒开启了对药膳产品的深入探索，潜心研发“药膳汤包”，形成标准化预制菜产品，只需搭配合适的食材，就能快速准确地获得一道美味又具备养生效果的靓汤，深受元亨祥客户和体验者的青睐。

元亨尚儒将国学与国医结合，邀请国医大师品茗论道，开展中医药沙龙、论坛，深入浅出地为体验者讲授阴阳五行学说、经络学说等传统文化，从道法自然、天人合一的高度讲解中医药文化的基本理论基础，分享四季养生、九种体质调理的经验。很多体验者听后，对中医将人的基本体质归纳为平和质、气虚质、阳虚质、阴虚质、痰湿质、湿热质、血瘀质、气郁质、特禀质等九种类型很感兴趣，纷纷进一步向专家咨询，由此对自己的身体健康有了更深入的认识和理解。

为了满足客户对中医养生服务的需求，我们在元亨尚儒搭建国医诊疗平台，建立中医诊疗绿色通道，特邀业界名医，现场对症开方。开展“一人一方，健康养生”的中医养生膏方日活动，名医现场坐诊，通过“望、闻、问、切”，细致入微地进行诊疗，一人一方、量体用药。

未来，元亨尚儒将不断围绕中医养生研发产品、创新服务，商业模式成熟后，进行品牌输出，在一线城市复制推广，让中药芬芳香遍全国，助岐黄文化誉满华夏！

11.3 光大国医，健康国人

中医药诊疗具有“未病先防、既病防变、病后防复”的特点，市场需求旺盛，公立中医药医疗机构由于数量、医资、覆盖区域等问题，尚未完全满足病患的需求，市场潜力较大，元亨祥持续关注，致力于培育中医药诊疗优质项目，以更好地服务国人健康，光大国医文化。

民国著名高僧弘一法师曾在《晚晴集》[1]中写道：“凡事念念不忘，必有回响。”对于弘扬中医药，

[1] 弘一法师俗名李叔同，民国四大高僧之一，原文为：“世界是个回音谷，念念不忘，必有回响，你大声喊唱，山谷雷鸣，音传千里，一叠一叠，一浪一浪，彼岸世界都收到了。凡事念念不忘，必有回响。因它在传递你心间的声音，绵绵不绝，遂相印于心。”

我始终念念不忘，终于在2021年得到回响，殊为难得、妙不可言。

2021年5月27日，我咳嗽得厉害，朋友介绍针灸名家第三代廖主任为我进行针灸治疗。古语云：“医不三世，不服其药。”他们家族的针灸技艺已经传承近百年，有“神针起沉疴，妙手祛顽疾”之誉。通过独创的针灸、正骨及独家膏药等治疗方法，对于治疗颈肩腰腿痛有奇效。1997年，他考入上海中医药大学针灸专业。2011年，国家选派15名有特色的针灸师到美国进行文化交流活动，他是其中之一。2017年，他从医院辞职，先与朋友合伙创业，后来独立尝试过开办互联网儿科医院。

我看他做事比较踏实，而且有专业能力与创业经验，是和元亨祥“一号战略”十分契合的潜在投资对象，于是我鼓励他创办中医针灸诊疗机构，元亨祥愿意投资。他非常兴奋，并且向我表达了对于中医品牌连锁的思考：“第一，要找到一种有中医优势的病种；第二，西医感到无奈；第三，要疗效显著；第四，市场足够大；第五，人才容易培养。”他认为要做成中医针灸连锁经营，必须具备以上五项条件。

“想来想去，传承我们家颈肩腰腿痛的针灸医术才是最有价值的事情。现在颈椎病、肩周炎、腰椎病、膝关节病等非常普遍，只是轻重程度不同，”廖主任进行了分析，“虽然治疗颈肩腰腿痛的机构比较多，但规模都不大，还没有形成具有足够影响力的品牌，只要我们聚焦细分领域，就一定能脱颖而出。”

政策支持社会力量举办中医医疗机构，鼓励连锁经营和品牌化、集团化、国际化发展[1]；中医诊所虽然数量多，但规模小、产业处于探索阶段，尤其是在颈肩腰腿痛的治疗上尚未形成领导品牌；他又具备家族祖传的治疗技术，初步具备投资条件。经过进一步调研分析，我们认为：首先，这类项目初始投资金额不大，投资潜力巨大；第二，我们正在布局中医治疗投资领域，2010年“中医针灸”被列入“人类非物质文化遗产代表作名录”，是重要的传统中医药疗法，服务客户广泛；第三，通过中医针灸打造上市企业，并购上下游资源，打造中医医疗集团。

廖主任对于元亨祥的投资实力与经营理念特别认同，他提出两个条件：第一，做连锁扩张必须有资本介入，需要元亨祥资本赋能；第二，元亨祥不能只做财务投资，还要给予更多资源和支持。这正是元亨祥“资本赋能、智慧赋能、资源赋能”的价值赋能独特优势，我当场表示：“我们不仅是财务投资，一定会全方位赋能，毫无保留、全力支持。”

两个月之后，2021年7月26日，我与廖主任签署投资合作协议。8月15日，中医针灸品牌——元針堂首店开始装修、组建团队、筹备开业。元亨祥只帮忙不添乱，不插手、不干涉任何具体经营事务。

2021年11月14日，位于上海市中心的元針堂内外装饰得格外喜庆，门口升起一道由红色气球组成的拱门，现场热闹非凡。在开业仪式上，我致辞道：“中医中药是中华文化的瑰宝，作为投资人

[1] 引自《上海市中医药发展“十四五”规划》。

更应该承担起弘扬中华文化的一份责任，投资元針堂是对中医文化的一份坚守和执念；其次，元針堂也是对连锁中医针灸的一次探索和尝试，希望社会给予元針堂更多的关注和支持，齐心协力打造出更加优秀的中医针灸品牌，为社会提供更多更优质的中医药服务，在中医文化乃至中华文化的伟大复兴中做一些力所能及的事情。”

虽然我只是投资人，但完全以创始股东的心态帮助元針堂尽快走上正轨。我要求将元亨祥的管理方略全面向元針堂开放，派出专门团队协助元針堂梳理制度流程、完善管理体系，在行政、财务、法务、营销等方面全方位支持。我只有一个要求：从起步开始，元針堂必须以连锁上市的中医医疗集团为目标开展顶层设计、搭建管理体系。

元針堂以标准化、流程化、体系化为抓手，按照连锁经营的要求不断完善体系化建设。

在产品体系方面，元針堂结合中医医理与多年临床经验，根据颈肩腰腿痛的特点，创建了一套标准化的针灸技术体系，包括针灸核心技术“经气运针法”、推拿手法“理筋正骨术”、颈肩腰腿痛保健法“五合筋骨操”，且都申请了专利与商标保护。

在营销体系方面，元針堂搭建了一整套营销全景图，从打造患者流量池、提升门诊量、增加成交量、塑造好口碑四个方面分解，以线上、线下两种模式，将营销中定性类工作按照每季、每月、每周、每天的量化标准进行考核，通过门诊量、成交量等数据来反映口碑。

在管理体系方面，元針堂运用元亨祥的管理模式，快速完成信息化、流程化、制度化建设，建立了一套完整的运营管理制度，所有流程必须通过线上完成，虽然前期操作会复杂一些，但是有利于长远的规范化管理。这样不仅能够有效降低管理成本，而且为走向集团化连锁经营练好内功。

对于初创期的被投项目来讲，元亨祥的制度、管理、人才、市场赋能对他们尤为重要。尽管元針堂营业面积只有300多平方米，但是每天能接待近百人次。2022年3月底，元針堂实现营收平衡，只用了不到4个月就站稳脚跟，很多此类中医诊疗机构运营一两年都很难正常运转。

疫情解封以后，元針堂的门诊量明显增多，患者经过口口相传、慕名而来。一位78岁的老奶奶，因为膝关节不好拄拐杖有两年多，在元針堂扎了三次针，老人家可以扔掉拐杖走路了；还有一位病人头痛起来要撞墙，到元針堂针灸了几分钟就不痛了；时任元亨祥风控合规中心总经理周源不慎扭伤右脚踝，右脚完全不能着地，伤处肿胀明显，元針堂的大夫仅仅在其左上肢大拇指处鱼际穴进行穴位施针，针后2分钟疼痛明显减轻，下地恢复行走，真是“躺着进去，走着出来”，又经历了两次治疗，周源患处基本痊愈。现在，元針堂的辐射半径已经扩展到周边多个小区，越来越多的病人被口碑吸引而来。

医德是王道，投资走正道。元亨祥继续为元針堂进行资源赋能：我们将积累的优质客户资源导入元針堂，对接知名中医药大学的行业资源，帮助他们快速进行针灸医师培训，为未来连锁发展奠定人才基础，并推动其品牌入驻裕元谷、元亨尚儒。

元針堂的故事刚刚开始，元亨祥在中医药领域的投资探索将持续进行，我们期待能够充分发挥中医药独特优势，综合运用针灸、推拿、中药等治疗手段，提高国人的免疫力和自我调节能力，通过对“光大国医”理想的不懈追求，真正实现“健康国人”的使命。

第十二章

未来已来，踏上新征程

12.1　成就生命繁盛

未来已来，波澜壮阔的奋斗画卷呈现在元亨祥人面前，铿锵雄浑的奋进乐章在元亨祥人的耳畔萦回荡漾，元亨祥人厉兵秣马、蓄势待发踏入第二个十年的新征程，“长风破浪会有时，直挂云帆济沧海”！挥别初创时的产品驱动模式，我们已经成长为聚焦生命健康的专业投资机构。春潮澎湃时，元亨祥击鼓催征、扬帆正起！

《中庸》有云：“凡事预则立，不预则废。”运筹帷幄之中，方能决胜千里之外。元亨祥是谁？将走向何方？各业务板块将如何齐头并进？这是在新十年的号角吹响之际，我们必须回答的问题。2022年9月

29日，在三季度经营形势分析会上，元亨祥正式公布了公司未来的新发展战略和新举措。

元亨祥将以“成就生命繁盛”为新的企业愿景，通过聚焦生命科学产业，推动人们生活健康的事业理想与追求，善作善成、善借善成、生生不息，从社会、产业、企业、家庭四个维度成就生命繁盛。

面向社会——元亨祥以向善的资本和创生的智慧，让共益、共生的生命科学经济形态持续发挥影响力；面向产业——元亨祥通过引导产业资本和优质资源高效聚集，发掘市场需求，推动产业升级，实现生命健康产业生生不息；面向企业——元亨祥通过可持续的投资和对行业的洞察，以专业化运作释放客户潜能，实现生命健康企业韧性成长；面向家庭——元亨祥以全景式幸福生活为目标，促进生命长度、宽度、厚度的增长，实现生命健康的全方位丰盈。

“成就生命繁盛”蕴含着元亨祥的变与不变。成就——成人达己的经营理念不会改变，生命——聚焦生命健康的经营策略不会改变，但“繁盛”的背后则有气象万千。“生命繁盛”蕴含“生生不息”，指阴阳二气相互作用，变化出无穷无尽的万事万物[1]，正所谓“一生二，二生三，三生万物”，绵绵不绝。生命健康领域的前景广阔无垠，日新月异的科技进步给产业带来无尽想象空间，未来人类对健康生活的追求没有止境。元亨祥将以投资搭建生命科学与人们生活之间的桥梁，专注驱动“产研—产融”互动，促进生命

[1] 宋代周敦颐《太极图说》：“二气交感，化生万物，万物生生而变化无穷焉。”

科学研究的产业化应用，以资本的“善作”更好地实现生命科学的“善成”，成就生命繁盛，实现生生不息。

通过系统深入的梳理，我们完成了战略升级，明确提出了“生命科学产业化应用价值赋能平台”的战略定位，准确、完整地回答了“元亨祥是谁”的问题。

元亨祥的战略定位源于对多年发展历程的洞察研究、条分缕析：我们长期专注于生命科学产业领域，具有产业化应用的专业优势，定位于价值赋能平台，升级元亨祥战略定位——“生命科学产业化应用价值赋能平台”应运而生。

生命科学——元亨祥厚植深耕中医中药、生物医药、医疗器械、健康养生等领域，面向未来，生命健康向生命科学范式发展，凸显元亨祥对产业中前沿科学技术和平台化应用技术的关注，因此以“生命科学”作为元亨祥价值实现的核心领域。

产业化应用——元亨祥以生命科学的产业化应用为核心，把握“科学—研发—应用”中的供需匹配，与产业链上下游合作伙伴协力同心，围绕生命科学打造“产学研投用”融合发展体系，充分发挥资本运营优势，推动生命科学技术成果落地生根，实现产业化应用。

价值赋能平台——元亨祥聚焦生命健康产业，通过资本、智慧、资源进行全方位价值赋能：以中医中药、生物医药、医疗器械、健康养生等产业投资实现资本赋能；以元亨祥智库及管理方略实现智慧赋能；以元亨祥生命健康产业生态圈各方能量实现资源赋能，助力生命科学产业升级发展。

元亨祥通过“三个赋能”，实现“资源以资本优化，资本以智慧放大”。

第一是资本赋能。价值投资是元亨祥的核心竞争力，我们作为专业的投资机构，具有资本优势，持续为生命健康产业“输血造血”，促进企业健康快速发展，致力于打造头部企业，做优秀企业的“造王者”。

第二是智慧赋能。在多年的管理实践中，我们提炼出“五定三化四做到”的管理方略。“五定”要求业务部门必须“定战略、定经营、定目标、定管理、定组织”：“定战略”意味着选择赛道，明确做什么、不做什么。确定赛道后，要实事求是地依据业务的实操性与可落地性确定经营目标，来支撑公司的战略目标。“定目标”要求各板块要明确短期、中期、长期的目标，根据实际情况，明确每年、每季度、每月的任务。确定目标后，还需要通过管理机制来实现目标，明确标准化、流程化、数字化等管理措施，这就是“定管理”。管理机制明确后，需要以组织力量安排专业人才落实，将人才诉求、资源准备、激励措施等明确下来，我们称之为“定组织”。“三化”指标准化、流程化、数字化。“四做到”包括“一要、三零、五有、七抓”：一要战略自信，即战略认知、战略定位、战略目标、战略路径要自信；态度“三零”：自负零容忍、责任零推诿、任务零拖延；经营“五有”，即工作有目标、实施有方案、执行有计划、过程有检查、按期有结果；管理七抓，即抓团队、抓文化、抓培训、抓执行、抓结果、抓考核、抓奖惩。通过“五定三化四做到”进行智慧赋能，促进初创企业在从0到1的跋涉中，跃马扬鞭、兼程而进。

第三是资源赋能。元亨祥能够提供的资源主要包括三方面：一是产业资源——被投企业和投资运营的品牌；二是客户资源——十年来积累的一批优质客户；三是行业资源——包括行业协会、战略合作企业伙伴、长期合作的地方政府等资源。这三方面资源就构成了元亨祥生态，我们围绕生命科学领域提供全方位服务[1]，为生命科学、生命健康产业发展赋能，促进企业与产业共同成长。

明者因时而变，智者随事而制[2]。踏上新征程，元亨祥必须进行更为科学合理的业务布局，才能更好地统筹全局。我们认真梳理各业务板块功能定位，专注聚焦、目标精准，方能齐头并进：元立方资本定位为生命健康产业投资并购专家，长期专注中医中药、生物医药、医疗器械等生命健康产业投资，重点拓展中医中药全产业链投资；元亨祥康养定位为全生命周期健康管理专家，负责元亨尚儒生活馆、裕元谷、健康宾馆三个健康管理产品的投资运营，其中元亨尚儒生活馆、健康宾馆为轻资产运营项目，裕元谷则为重资产投资运营项目；元贞祥产发定位为建筑供应链投资专业服务商，专注太平洋建设基建业务投资，拓展中医药产业园、裕元谷建设项目投资；元亨泰富健康咨询定位为生命健康管理咨询专家，立足建筑供应链投资业务咨询，拓展生命健康产业投资业务咨询，积极探索健康管理业务咨询；元亨祥基金定位为风控型资产管理专家，专注

[1] 包括面向 C 端的“身体 + 身心 + 身家”全景式健康服务和面向 B 端的企业生命周期服务。

[2] 明者因时而变，智者随事而制：引自汉代桓宽《盐铁论》卷二之忧边第十二篇。

生命健康领域企业市值管理和建筑供应链证券投资业务；元亨泰富保险经纪定位为生命健康保险定制专家，紧紧围绕元亨祥生态开发定制健康保险产品。

六大板块定位明确：做“精”元立方资本，做“优”元亨祥康养，做“实”元贞祥产发，做“美”生命健康管理咨询，做“专”元亨祥基金，做“特”元亨泰富保险经纪，构建生命健康领域业务价值链闭环，打造“精、优、实、美、专、特”的元亨祥生命健康产业生态圈。全新征途势如破竹！

思深方益远，谋定始登程。元亨祥人坚持战略自信，笃定前行，向着“成就生命繁盛”的愿景进发，必将以激情奋斗的“现在时”，谱写豪情万丈的“未来式”！

12.2 再造合伙制

历史征程风云激荡，过去十年如同一部恢宏的诗篇，跌宕起伏中，有察势而谋的信心、有驭势而行的决心、更有乘势而上的雄心。历尽天华成此景，人间万事出艰辛。未来十年，元亨祥人将万夫一力，在时间酿成的事业中，为一个个值得铭记的辉煌瞬间奋楫笃行，在践行使命与责任的接续奋斗中一往无前！

元亨祥崇尚“共创共享、同德共赢，相互成就、共同分享”的家文化，“共创者才有价值、共享者才有平台、共赢者才有事业”。自公司成立以来，推行合伙制，让员工共同分享企业发展成果，一直是我们的夙愿。

在信用社工作期间担任高管的经历，让我对员工发挥主观能动性的积极作用深有体会。2001年前后，我就职的信用社员工每月收入固定，干多干少都一样，干好干坏没差别，以致无人愿意拓展业务、人浮于事、作风散漫。我了解情况后，决定打破“大锅饭”，推行“多劳多得、少劳少得、不劳不得”的分配机制，拉开了员工的收入差距，大家的工作积极性显著增强，信用社的业绩快速提升。

信用社的件件往事并未随着我离开体制而烟消云散，过往的经历成为我创业的宝贵经验，促使我在创业之初便常常思考：如何才能打造更为科学高效的分配机制？

2013年12月，元亨祥派人学习股权激励，启动合伙制。此后，我们不断探索：2014年落地尝试股权激励；2015年率先在元立方金服落地合伙制试点；2016年与不同的专业咨询机构合作共创合伙制；2017年渠道转直营的过程中，在元亨泰富试行企业合伙制。经过多年努力，元亨祥形成了适时合宜的合伙制体系：包括利益分配机制和合伙人制。合伙制面向全体员工，合伙人制仅针对合伙人。2021年7月，元亨祥召开2021年半年度经营形势分析会，我和刘闪、杨丽娜成为首批管理合伙人，张岚、范忆敏、陆芳芳成为首批事业合伙人，陈艳成为首批业务合伙人，蔡小龙、汪静容成为见习合伙人。经过不断调整，2022年我们最终将元亨祥合伙人分为四层七类：业务合伙人、事业合伙人/资源合伙人、管理合伙人/战略合伙人、终身合伙人/荣誉合伙人。

十年来，元亨祥从来没有停止对合伙制的深思苦索，但员工参与的积极性仍不够高，尚未达到预期，合伙制始终是我心中的遗憾。如果2014年能够将成熟的合伙制落地，元亨祥一定比今天更好。

建立合伙制的根本目的是什么？合伙制不应只是一种团队对利益的分配方案，更不能把合伙人分红视同绩效工资。隋代大儒王通曾说：“以利相交，利尽则散。以势相交，势去则倾。”[1]元亨祥倡导“相互成就、共同分享”，是成长过程中的“相互成就”，也是分配利益时的“共同分享”。我们知道利益捆绑的做法虽有一定效果，但注定不会长久，需要找到一套真正适合元亨祥的合伙制方案，把大家的心真正凝聚在一起，使企业形成一个有机整体，始终鼓舞人、激励人，使团队保持不懈的进步欲望，这才是合伙制应该的核心意义。

合文化，分利益。舍得舍得，有舍才能有得，财散才能人聚。“利出于一孔者，其国无敌。”力出一孔，利出一孔。没有利益的感情苍白无力，没有感情的利益不可持续。利益当然要分，但分利不是目的，而是手段。应该在分配利益的同时，把人心和文化凝聚起来。元亨祥人践行“同德共赢”的家文化，将同事视为家人，才能同德同心，与子同袍、与子偕行[2]，才能实现“相互成就、共同分享”，真正聚合人心。

2022年下半年，为了让“合文化，分利益”的理念更加深入人心，促进元亨祥的可持续发展，我们打出一套人才激励的“组合拳”。

元亨祥启动了合伙制优化计划，再造合伙制。此次“再造”引进

[1] 以利相交，利尽则散。以势相交，势去则倾：引自隋代王通的《文中子·礼乐》。

[2] 与子同袍、与子偕行：引自《诗经·秦风·无衣》。

了专业的咨询机构进行共创，公司全员参与、共同讨论。我希望每一位员工都把心中对合伙制的想法和问题与大家分享，最终才能达成共识、形成理想方案。合伙制还应配套完整的实施流程，做到“过程有共创、方案有宣贯、执行有监督、奖惩有兑现、失格有退出”。

公司要永续发展、基业长青，不仅要对合伙人进行激励，更要着眼未来，培养合伙人“预备队”。元亨祥正在实施“造就10位亿万级合伙人、20位千万年薪高管、300位百万年薪骨干”的“123工程”，并推出“栋才100锻造工程”[1]，通过文化塑才，提升员工的企业文化认同度和综合能力，重点打造100位核心人才，为元亨祥生态锻造一支人才铁军。

奋斗者才有地位，自律者才有尊严。希望在不久的将来，通过合伙制再造、“123工程”、“栋才100锻造工程”等人才激励机制，员工从“辛苦心也苦、身累心也累”，到“心苦不辛苦、心累身不累”，再到“辛苦心不苦、身累心不累”，最终实现“心不苦、不辛苦”的理想状态。那时，元亨祥不仅群贤毕至、人才济济，而且上下同欲、心神聚合，同向奔赴、万马奔腾，才能跑出一家企业真正光明的未来。

---

[1] “栋才100锻造工程”：培养对象包括集团各单位（部门）职级10级及以上人员、元亨泰富私人银行家、私人银行中心总经理、私人银行工作室总经理、区域总裁等，由个人自愿报名产生。需符合司龄在半年以上、年龄原则上在40周岁以下、绩效达标情况优秀、深度认同公司文化、未发生过违规违纪事件等条件。从中选拔、培育既有业务能力，又能够为被投企业提供元亨祥式标准化咨询服务的优秀人才。

12.3 元亨祥梦，造就王者

万山磅礴，必有主峰；百叶繁茂，必有根深。我一直希望，元亨祥的“主峰”和“根深”一定不只是某一个人，而是志同道合的一群人。2022年7月10日，在上半年经营形势分析会上，我正式公布：从2026年起，我将不再担任元亨祥集团CEO，同时卸任董事局主席职务，以“股东+智库理事长”的身份与大家一路相随、不离不弃！

《道德经》有云：“功遂身退，天之道。”我已过知天命之年，理应顺应天道，急流勇退。退下来，是为了给元亨祥创造事业传承、继往开来的新起点。

企业向前的发动机永远不会只是某一个人，也不能只靠某一个人。“江山代有才人出，各领风骚数百年。”元亨祥的前十年，我是掌舵者。元亨祥合伙人制的终极目标是以合伙人为核心，使公司从个人治理进化到团队治理。随着不断深入推进标准化、数字化、流程化，元亨祥的管理方略应该升级为一套能够自动运行的体系。一路走来，元亨祥形成“两大一自”的运营策略——大平台、大品牌、自经营，真正做到以客户为唯一导向、以市场为唯一实践、以价值为唯一标准，真正实现“公司建平台、团队共奋斗，公司做LP、团队为GP”的目标，促进元亨祥的可持续、高质量、稳健型发展。

退下来，是为了让适合管理岗位的人有机会崭露头角、脱颖而出，以身作则、身先士卒地带领全体元亨祥人乘风破浪、勇往直前。企业的永续发展需要完善的法人治理结构和成熟的人才梯队体系，充分发挥团队的价值。企业要发展，就必须让年轻人得到锻炼。他们应该去经历企业经营管理的风吹雨打：在变化莫测中坦然接受风风雨雨的常态，在艰难险阻前练就风雨无阻的心态，在风险挑战里保持风雨兼程的状态。真正的元亨祥人，属于战场，不属于温室。将军是打出来的，不是想出来的。

退下来是我深思熟虑的坚定抉择。庄子曾说：“吾生也有涯，而知也无涯。以有涯随无涯，殆已！”[1] 于我而言，离开管理一线不是终点，而是新的起点，只有从具体事务中抽离出来，才能有时

[1] 吾生也有涯，而知也无涯。以有涯随无涯，殆已：引自《庄子·养生主》。大意为：人生是有限的，而对大千世界、万事万物的认知却是无限的。用有限对抗无限，岂不是一件徒劳无功的事情吗？

间和精力去做更加心向往之的事情——退下来之后，我将把主要精力放在元亨祥智库。智库是元亨祥的大脑，为战略发展指明方向。智库也是元亨祥对外传播“文化三略”的抓手，将通过战略咨询、文化咨询、管理咨询、运营咨询，对外输出运营品牌和管理品牌，将我们的管理经验导入被投企业，进行智慧赋能，帮助他们在元亨祥生态中突飞猛进、快速成功。

从青春到成熟，从成熟到练达，光阴经过的分分秒秒，都凝结成奋斗路上的血泪汗水；岁月镌刻下的点点滴滴，都淬炼成商海沉浮的卓尔不群。我希望通过元亨祥智库将这些年来总结沉淀的精髓传播给更多有识之士，尤其是“五正五道”：**传正知，播正念，导正向，践正行，弘扬正能量；顺天道，守正道，拓财道，得王道，成圣道**。我亲历了元亨祥从纷纷质疑、将信将疑，到深信不疑再到毋庸置疑的全过程。我见过太多企业在黑暗中负重前行、在混沌中痛苦挣扎、在求生中违法乱纪，漠视正道，深陷邪门歪道。我希望分享所见所闻、所思所想、所行所至，让更多人相信践行正道才是通往成功的灯塔。

自成立以来，元亨祥始终坚守**战略家的眼光**、**金融家的思维**、**银行家的操守**、**企业家的责任**。具备“战略家的眼光”是指企业经营者要和战略家一样善于布局，具有前瞻性的眼光。《孙子兵法》有云：“多算胜，少算不胜，而况于无算乎？”提前布局，有备无患是经营者必须具备的能力；坚守“金融家的思维”有两层含义，一是要如金融家般思维缜密，二是要牢记金融始终要服务于实体经济，金融的本质是服务；坚持“银行家的操守”，最重要的是要懂得如何做好风险控制，坚持“没有万一，只有唯一，安全第一”的风控理念，并在面对利益时能够挡得住诱惑；践行“企业家的责任”，就是为客户创造收益、为伙伴创造效益、为员工创造平台、为股东创造价值、为社会创造财富。

造就王者，是元亨祥战略定位的核心要义。“生命科学产业化应用价值赋能平台”的战略定位决定了我们必须“专注价值投资”，服务实体经济，培育一批批生命健康领域的行业标杆、独角兽、上市公司，绘就百花齐放的行业盛景。

造就王者，是元亨祥基于市场分析的选择。随着新经济高速发展，社会分工越来越专业化、精细化，人流、物流、资金流和信息流高度互联互通，大公司将越来越少，大平台将越来越有生命力。元亨祥“融市场百家”，搭建大平台，整合优质资源，构建元亨祥生态，助力被投企业蒸蒸日上、欣欣向荣。

造就王者，是元亨祥经营哲学的体现。我认为财富的最终归宿有四种：一是子承父业、代代相传，但总有一代传不下去，财富终将回归社会；二是冒进蛮干、贪大求全，但人生总有跳不过去的高、跨不过去的坎，最终企业经营失败，财富终将回流社会；三是投身公益、奉献社会，把毕生财富倾囊捐献，通过慈善事业回馈社会；四是相互成就、共同分享，元亨祥搭建平台，共创事业、共享荣光，成人达己、造福社会。

我们充分利用价值赋能优势，资源以资本优化、资本以智慧放大，造就企业王者。

元亨祥坚持长期主义，造就企业王者。我们通过投资为企业精准“输血”、强化“造血”、助力“活血”，有效激发企业活力，促进企业提质增效，帮助企业健康成长，给他们送“雪中炭”，为他们谋“及时雨”，肝胆相照、守望相助。

元亨祥坚持科技创新，造就企业王者。科技创新中蕴藏着巨大的市场机遇，我们重视科创项目投资，着力培育产业支柱型和科技引领型的优质企业，投资培育中医保健、中医针灸和基因治疗、细胞治疗等一批科技含量高的优质项目，促进生命健康产业升级。

元亨祥坚持品牌赋能，造就企业王者。输出养生堂、养生谷、康养城三个运营品牌和“五定三化四做到”的管理品牌，助力企业稳健成长、快速发展。

我们坚持平台纳才、待遇聚才、文化塑才、事业铸才的人才理念，共创共享、同德共赢，造就团队王者。

元亨祥实行待遇聚才，打造“123工程”，造就一批批优秀的“三高”员工，让他们成为同龄人、同行业、同岗位中的优秀代表，成为行业王者。

元亨祥全面推行合伙制，实施“栋才100锻造工程”，培养元亨祥的中流砥柱，让他们成为独当一面的经营管理者，收获事业、收获财富，成为社会王者。

元亨祥打造“投资+咨询”模式，输出“赋能资本+经营智慧”，让元亨祥人将企业经营管理的经验与智慧倾囊相授、服务社会，实现元亨祥人永不退休的梦想，成为终身王者！

踏上新征程，元亨祥人从不缺乏攻坚克难的勇气，更有敢为人先的朝气、登高望远的志气和革故鼎新的锐气。卓越担当催人奋进，谦逊隐忍沁人心脾。在用智慧和汗水书写的篇章中，元亨祥的故事因每个人专注的神情而生动，因奋斗而精彩。唯有勇毅前行的奋斗者，方能泼墨落笔、尽情挥毫，写就不负韶华、不负时代的元亨祥梦！

尾　声

元亨正道，贞固恒久

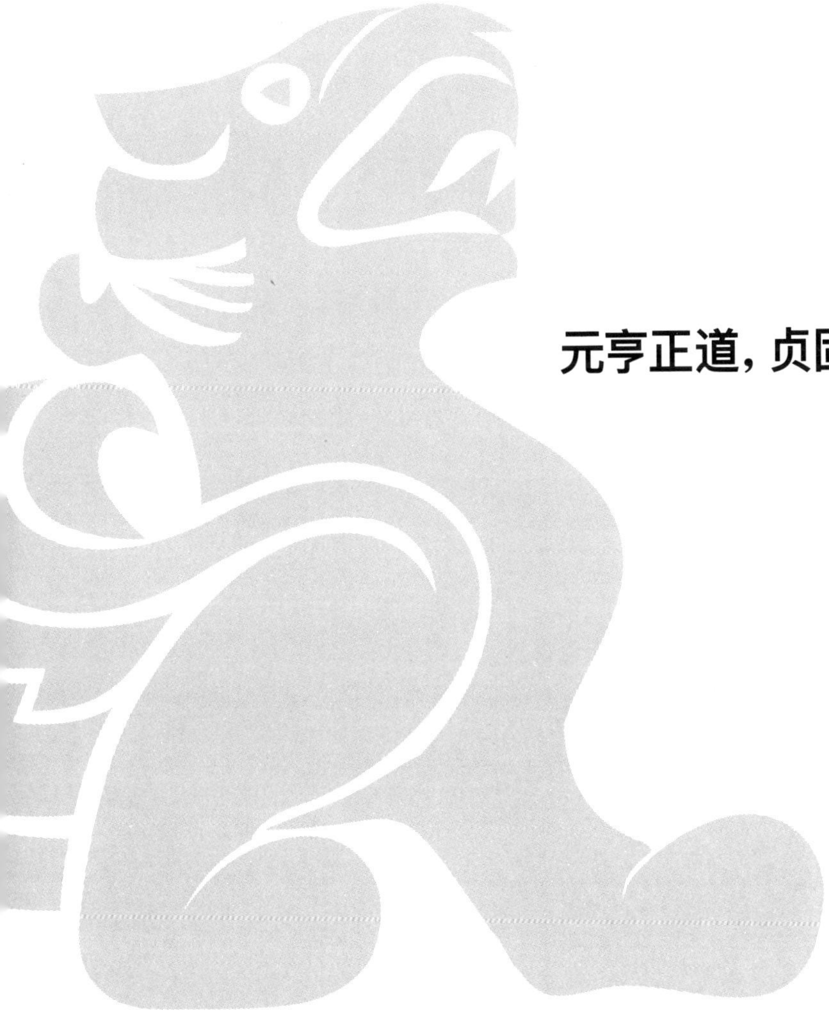

走进元亨祥集团文化展厅一楼，抬头看到一副对联："发上等愿，结中等缘，享下等福；择高处立，就平处坐，向宽处行。"这是晚清名臣左宗棠留下的诗句，也是他人生哲学的体悟，其本意是做人要有远大的抱负志向，只求中等的缘分，生活尽量简朴。凡事不可强求，脚踏实地，日子自然会越来越好。挂在这里，我想借此表达对企业经营管理的切身感悟：发上等愿——企业要志存高远，正道直行；结中等缘——在经营管理中不能"等靠要"，一定要有利他思维，可以依靠但不可依赖资源；享下等福——人生不如意十有八九，元亨祥人一定要慎独自修，严格要求自己；择高处立——战略上要高点起步，顺势而为；就平处坐——经营策略上要追求差异化，不能"讨饭吃""抢饭吃"，要自己"做饭吃"；向宽处行——坚持以正为本、守正出奇，让元亨祥的发展之路越走越宽。这就是我十年来坚守的元亨正道。

我们一贯重视研究、学习优秀企业的经营之道，不断优化完善企业文化体系。

自从2013年制定元亨祥文化纲要1.0版以来，我们不断修订完善，系统优化提升。十年来，元亨祥实现了“五个转变”，已经从最初从事单一基础设施投资业务，发展为专注中医中药、生物医药、医疗器械、健康养生的生命健康产业投资机构。新战略需要新思维、新定位，元亨祥十年来形成的经营理念和管理方法需要总结提高，这样更有利于内部执行与外部传播。

2022年4月底，元亨祥一季度经营形势分析会议刚刚结束。上海新冠疫情防控形势严峻，居家办公期间，我静下心来深入思考，继续丰富企业文化，提炼出“家和水立兴”的核心价值观，坚持“入仕家文化”，共创共享、同德共赢，相互成就、共同分享；履行“顺时和文化”，顺天应时、精专日新，专业、专注、专心、专属；践行“做事水文化”，内圣外王、知行合一，为人谦逊隐忍、做事卓越担当；崇尚“经世立文化”，弘毅致远、若厉无咎，没有万一、只有唯一、安全第一；实现“成势兴文化”，元亨正道、贞固恒久，精优实美、行业领先。文化先行推动了元亨祥的稳健发展，增强了团队的韧性与活力。

同时，结合元亨祥的经营现状与发展规划，我们升级了公司的战略定位和愿景、使命、价值观，首次推出了元亨祥“文化三略”：发展战略、经营策略、管理方略。6月起，我们分别聘请战略提升、文化纲要优化、管理方略等方面的专业咨询机构出谋划策，全面系统地进行论证、解读。8月底，“文化三略”终于基本成型。经过这一轮的全面优化、提升，“文化三略”对元亨祥的战略定位与文化内涵表达更精准、更完善，就像找到了一根线，将散落的珍珠串成了精美的珍珠项链。

“文化三略”是指引元亨祥前进的罗盘。发展战略为元亨祥指明了方向，经营策略为元亨祥提供了路径，管理方略为元亨祥提供了保障。中国传统智慧强调“道、法、术、器、势”的和谐统一，对元亨祥来说，发展战略是“道”，经营策略是“法”，管理方略是“器”。元亨祥的成长、成熟、成功，除了“道”“法”“器”，还离不开顺天应时的“势”和与时俱进的“术”。

“元亨正道”是元亨祥的经营哲学、顶层设计，而“文化三略”则是管理实践、底层逻辑。我希望将“元亨正道”与“文化三略”融会贯通、形成体系，对于元亨祥的经营管理具有更强的指导性、操作性，完成从理论到实践的超越与升华。形成经营哲学与企业文化是一个循序渐进、日臻完善的过程。心之所向，行之所往，未来可期。

元亨祥的战略定位升级为“生命科学产业化应用价值赋能平台”，我对元亨祥的未来充满信心。元亨祥将紧扣“健康中国、乡村振兴”的国家战略，坚持“专注价值投资、聚焦生命健康”的经营定位，以推动生命科学产业化应用落地为目标，形成“产学研投用”融合发展体系。坚持“一体两翼、双轮驱动、三大路径”的经营策略，推行“五定三化四做到”的管理方略，真正实现“资源以资本优化，资本以智慧放大”，通过价值赋能，成就生命繁盛，打造元亨祥生命健康产业生态圈。

为了保障战略目标的实施落地，元亨祥坚决全面推行合伙制，充分发挥合伙人制优势，坚持全员经营、业绩为尊、发展为王，真正实现各板块业务并驾齐驱、共同发展。坚决完善法人治理机制，以实现“战略的前瞻性、风控的严谨性、业绩的领先性”为目标，建立健全“战略定向、流程增效，制度管人、流程管事，制度面前人人平等、绩效面前事事兑现”的新体制、新机制、新模式。

从2023年起，我专注做好三件事：国学修身、中医养生、价值投资。国学是我的爱好，所谓“敬德修业”[1]，通过学习国学修身养性，提升自我；中医是我的情怀，通过中医养生，可以惠及更多的员工、客户，更好地服务社会；投资是我的事业，通过价值投资聚焦生命健康产业，造就更多企业“王者”。

昨日不可追，今日犹可为。元亨祥人当以更坚定的信心、更坚强的毅力、更坚实的作风，在成为中国五百强的道路上挥斥方遒，奋力谱写元亨祥百年老店的壮丽篇章。波涛蓄势，起于涓滴；事业成败，在于人心。向来齐力可断金，唯有坚持成大事。元亨祥的未来必将属于心无旁骛的实干者，必将属于勇于挑战的创新者，必将属于乘风破浪的奋斗者！

希望再过十年，能见元亨品牌，如灼灼朝日。元亨祥各美其美，共创元亨祥梦，经营品牌各具特色，百花齐放；

希望再过十年，能见元亨生态，如星辰大海。元亨祥美人之美，成就生命繁盛，造就王者群星璀璨，光彩夺目；

希望再过十年，能见元亨正道，如万里长河。元亨祥美美与共，分享正道文化，携手伙伴和合共赢，贞固恒久！

---

[1] 出自《易传·文言》，子曰：“君子敬德修业。忠信，所以进德也，修辞立其诚，所居业也。”意思为增进美德、建功立业。

附　录

元亨祥发展史

2012 年

开元创生年

上海元亨祥股权投资基金管理有限公司注册创立，经营定位“BT项目·金融股权投资专家”；

首支元亨祥基金成立——河北邢台宁晋项目·上海苏辰合伙企业。

2013 年

乾元拓展年

经营定位提升为“智慧城市投资运营专家”；

元亨祥基金获批加入中国证券投资基金业协会，取得特别会员资格。

2014 年

厚德筑信年

元亨祥基金正式获批为私募基金管理人；

荣膺“2014年度中国最佳私募投资机构”，企业信用评价“AAA级”。

2015 年
亨通成长年

战略聚焦“金融、健康、绿色、智慧”；

国内首家PPP模式建筑供应链金融交易平台——“元立方金服”正式上线；

“财富缘”VIP俱乐部耀世首发。

2016 年
德信玉成年

荣膺“年度最具成长价值50强”、“美丽中国·2016年度绿色金融领导品牌”；

入选“中国金融行业诚信建设委员会理事单位”、“中国绿色金融发展战略联盟会员单位”。

2017 年
内省修道年

战略聚焦大基建、大康养、大文旅，首次提出IOEPC投资模式；

通过ISO9001:2015标准管理体系认证；

荣膺“2017年度卓越综合实力基金公司”。

2018 年
履霜破冰年

明确“新型城镇化投资运营商”的经营定位，聚焦“一基三养”；

首支太平洋建设股权投资基金备案成功；

荣膺“2018中国经济年度创新企业”。

2019 年
外王发展年

首推“1+N+IOEPC”商业模式；

成立康养生活事业群，正式发力康养产业投资。

2020 年
利和成就年

首次发行投资城投债的私募证券基金，非标转标；

参与张江科投发起成立的30亿元“浦东生物医药”专项基金；

荣膺“2020中国智慧经济十大标杆企业”、“2020年度经济发展高成长性企业”。

2021 年

坤定永贞年

明确提出“专注价值投资·聚焦生命健康”的经营定位；

投资中国药都·葛玄养生小镇，打造中医药诊疗康养示范项目；

投资中医针灸——上海元针堂中医诊所正式开业；

元亨尚儒正式推出，功能定位：茶道、药膳、国医、国学。

2022 年

明道铸业年

元亨祥成立十周年，全面提升发展战略、经营策略、管理方略，全面推进合伙制。

致 谢

《元亨正道》的创作与出版殊为不易，期间反复推敲、数易其稿，只为诚心诚意、精益求精。感谢诸多朋友的支持与帮助，最终为读者呈现出这部作品。

感谢太平洋系、苏商系创始人，庄严智库理事长严介和先生为本书倾情作序。在元亨祥的创业、发展过程中，严介和先生起到了引路人的关键作用，谆谆教诲激励着我们砥砺奋进、行稳致远。

感谢如是金融研究院院长管清友博士作序推荐。管清友博士长期从事宏观经济、投资趋势与金融理论研究，对元亨祥事业发展大力支持和帮助，许多专业、通透的见解对我启示颇深。

感谢刘闪、杨丽娜、张岚等元亨祥同仁的积极参与，在追忆往事、提供素材、整理资料、讨论提纲、确认事实等方面，各位付出了大量的时间和精力，为本书的客观性、真实性打下了坚实的事实基础。也正是因为全体元亨祥人始终坚守“笃行元亨正道、成就生命繁盛”的信念，才有了元亨祥的丰硕成果、美好未来，才有了《元亨正道》的妙笔华章、隽永绵长。

感谢企业史作家、润商文化创始人陈润及孙秋月、闫岩三位老师的出谋划策、锦上添花。润商是企业定制出版领导品牌，为标杆企业立传塑魂，三位老师在策划、创作、出版过程中提供了丰富而专业的智慧支持，令我受益匪浅。

感谢团结出版社责任编辑苗霞等，她们的严谨细致、辛勤付出令我印象深刻。

我相信，在大家的支持与鼓励下，元亨祥会以十周年作为扬帆远航的新起点，乘风破浪驶向第二个十年，朝着追求卓越、基业长青的目标笃行不怠。

程芳

2023年6月于上海陆家嘴

声　明

为了丰富本书内容，书中使用了有关元亨祥发展历程的图片。我们与图片中的当事人进行了广泛联系，得到了他们的大力支持。在此，我们表示衷心的感谢。但是，仍有部分当事人我们无法取得联系，见书后如有异议，敬请与我们联系，以便与您及时沟通，并致谢忱！

联系电话：010—65228880

团结出版社